Hwylio 'Mlaen

Y GYMRAEG DDOE A HEDDIW

Cennard Davies

Golygydd y gyfres:
Glenys M. Roberts

y Lolfa

CYNNWYS

GEIRFA

Llydaweg	Breton
Gwyddeleg	Irish, Gaelic
Romawns	Romance
datblygu	to develop
sylweddoli	to realise
hynafol	ancient
Indo-Ewropeg	Indo-European
hynod	remarkable
adnabyddus	well-known
maes (meysydd)	field(s)
gwyddonydd	scientist
Cymrawd o'r Gymdeithas Frenhinol	a Fellow of the Royal Society
cyfraith	law
barnwr	judge
is-gyfandir	sub-continent
damcaniaeth	theory

Sut mae'r Gymraeg yn perthyn i ieithoedd eraill y byd?

Heddiw rydyn ni'n derbyn bod ieithoedd yn perthyn i'w gilydd. Dywedwn fod y Gymraeg yn iaith Geltaidd ac yn perthyn i Lydaweg a Gwyddeleg. Yn yr un modd, byddwn yn dweud bod Sbaeneg a Ffrangeg yn ieithoedd Romawns sydd wedi datblygu o'r Lladin. Yn wir, byddwn yn sôn weithiau am deuluoedd o ieithoedd. Ond ydych chi'n sylweddoli mai gŵr â'i wreiddiau yn Ynys Môn oedd y cyntaf i awgrymu bod y rhan fwyaf o ieithoedd Ewrop a llawer o ieithoedd Asia yn perthyn i'w gilydd? I esbonio hyn, dywedodd eu bod i gyd yn y pen draw wedi tyfu o iaith hynafol rydyn ni heddiw yn ei galw yn Indo-Ewropeg.

Syr William Jones oedd enw'r gŵr hynod hwn. William Jones oedd enw ei dad hefyd. Roedd y ddau yn byw yn y ddeunawfed ganrif a daeth y tad a'r mab yn adnabyddus mewn meysydd pur wahanol i'w gilydd. Roedd y tad yn fathemategydd galluog iawn, yn ffrind i'r gwyddonydd enwog Syr Isaac Newton ac yn Gymrawd o'r Gymdeithas Frenhinol [FRS]. Fe gafodd ei eni yn Llanfihangel Tre'r Beirdd yn sir Fôn ond treuliodd y rhan fwyaf o'i oes yn Lloegr. Yno y

Syr William Jones

cafodd ei fab ei eni.

Er i William astudio'r gyfraith a dod yn farnwr yn Bengal yn India, astudio ieithoedd oedd ei brif ddiddordeb. Roedd e wedi dysgu Groeg a Lladin cyn cyrraedd India a thra oedd e yno cafodd gyfle i astudio iaith hynaf is-gyfandir India, sef Sansgrit.

Sylwodd William Jones fod llawer o bethau'n gyffredin i'r tair iaith er eu bod yn perthyn i gyfandiroedd gwahanol. Sut oedd esbonio hyn? Penderfynodd fod llawer o ieithoedd Ewrop ac Asia wedi datblygu o un iaith gyffredin ac esboniodd ei ddamcaniaeth newydd am y tro cyntaf mewn cyfarfod o Gymdeithas

Asiaidd Bengal yn 1786.

Tua diwedd y ddeunawfed ganrif dechreuodd ieithegwyr astudio grwpiau o ieithoedd. Dangoson nhw fod Ffrangeg, Sbaeneg ac Eidaleg, er enghraifft, wedi datblygu o Ladin. Roedden nhw'n gallu dangos bod *padre* [Eidaleg], *padre* [Sbaeneg], *père* [Ffrangeg], *pai* [Portiwgaleg] a *pare* [Catalaneg] i gyd yn tarddu o'r gair Lladin am 'tad', sef *pater*.

Yn ôl Syr William Jones, roedd yr un broses wedi digwydd wrth i Indo-Ewropeg ddatblygu'n wahanol ieithoedd ledled Ewrop ac Asia. Wrth gwrs, does dim un gair o'r iaith Indo-Ewropeg wedi ei gadw ond mae ieithegwyr yn credu bod y bobl oedd yn siarad yr iaith yn byw tua 6000 o flynyddoedd yn ôl. O'u cartref gwreiddiol yn ne Rwsia, crwydron nhw i'r dwyrain a'r gorllewin gan

gyrraedd canol Ewrop erbyn 3500 CC ac India erbyn 2000 CC.

O'r iaith wreiddiol hon datblygodd naw o deuluoedd. Un o'r rhain yw Celteg ac i'r teulu hwn y mae'r Gymraeg yn perthyn, fel y cawn weld.

Wrth sôn am Syr William Jones, fe ddylem nodi un stori ddiddorol amdano. Unwaith, pan oedd ar ymweliad â Paris, fe gafodd ei gyflwyno i Frenin Ffrainc gan lysgennad Prydain. Wrth i hwnnw ei gyflwyno, fe ddywedodd, 'Mae Syr William yn ŵr rhyfedd iawn. Mae e'n gallu siarad bron pob iaith dan haul ond ei iaith ei hun!'

Roedd hyn yn wir, oherwydd er ei fod yn gallu darllen ychydig o Gymraeg, doedd e ddim yn gallu ei siarad o gwbl!

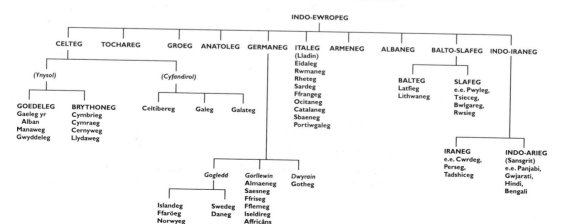

Y GOEDEN DEULUOL INDO-EWROPEAIDD

INDO-EWROPEG

CELTEG · TOCHAREG · GROEG · ANATOLEG · GERMANEG · ITALEG (Lladin) Eidaleg Rwmaneg Rheteg Sardeg Ffrangeg Ocitaneg Catalaneg Sbaeneg Portiwgaleg · ARMENEG · ALBANEG · BALTO-SLAFEG · INDO-IRANEG

(Ynysol)

GOEDELEG Gaeleg yr Alban Manaweg Gwyddeleg

BRYTHONEG Cymrieg Cymraeg Cernyweg Llydaweg

(Cyfandirol)

Celtibereg · Galeg · Galateg

Gogledd

Islandeg Ffaröeg Norwyeg

Swedeg Daneg

Gorllewin Almaeneg Saesneg Ffriseg Fflemeg Iseldireg Affricâns

Dwyrain Gotheg

BALTEG Latfieg Lithwaneg

SLAFEG e.e. Pwyleg, Tsieceg, Bwlgareg, Rwsieg

IRANEG e.e. Cwrdeg, Perseg, Tadshiceg

INDO-ARIEG (Sansgrit) e.e. Panjabi, Gwjarati, Hindi, Bengali

Yr Ieithoedd Celtaidd

Groegwyr	Greeks
canolbarth Ewrop	central Europe
gwasgaru	to scatter
Asia Leiaf	Asia Minor
tir mawr	mainland
Llydawyr	Bretons
prawf	proof
Goedeleg	Goidelic
Manaweg	Manx Gaelic
Brythoneg	Brittonic
Cernyweg	Cornish
sain	sound
cangen	branch
adfer	to revive, to restore
peidio â bod	to cease to be/exist
mamiaith	mother tongue
cyfrifiad	census

Faint o ieithoedd Celtaidd sydd a sut maen nhw'n perthyn i'w gilydd?

Tua'r bumed ganrif cyn Crist roedd pobl y byddai'r Groegwyr yn eu galw'n 'Keltoi' yn byw yng nghanolbarth Ewrop. Oddi yno gwasgaron nhw ledled y cyfandir gan gyrraedd y Môr Du ac Asia Leiaf, de-orllewin Sbaen, canolbarth yr Eidal ac ynysoedd Prydain. Er nad oes pobl yn siarad ieithoedd Celtaidd ar dir mawr Ewrop nawr, ar wahân i'r Llydawyr, mae llawer o enwau lleoedd ac afonydd yn brawf bod Celtiaid wedi bod yno unwaith – enwau afonydd megis Donaw [Danube], Rhone a Rhein ac enwau dinasoedd fel Paris a Wien [Fiena].

I Iwerddon y daeth y Celtiaid cyntaf i Brydain tua'r bumed ganrif cyn Crist. Roedden nhw'n siarad math o Gelteg a elwid yn Oedeleg ac o'r iaith honno y datblygodd Gwyddeleg, Gaeleg yr Alban a Manaweg. Yn ddiweddarach, daeth ton arall o bobl i dde Lloegr a Chymru. Roedd y rhain yn siarad math arall o Gelteg, sef Brythoneg, ac o'r iaith hon y daeth y Gymraeg, Llydaweg a Chernyweg.

Gan fod Goedeleg wedi cadw sain 'kw' Indo-Ewropeg, rydyn ni'n cyfeirio ati fel Celteg 'Q'. Yn y Frythoneg, ar y llaw arall, datblygodd 'kw' yn 'p' ac o ganlyniad yr enw arni ydy Celteg 'P'. Gallwch weld y gwahaniaeth rhwng y ddwy gangen trwy gymharu'r rhestrau yma o eiriau Cymraeg, Gwyddeleg a Gaeleg:

Cymraeg	Gwyddeleg	Gaeleg
pen	ceann	ceann
pwy?	cé?	cò?
pedwar	ceathair	ceithir

Ar wahân i'r Gymraeg, yr ieithoedd Celtaidd eraill yw:

Cernyweg
Er bod ychydig o bobl yn ceisio adfer Cernyweg heddiw, peidiodd â bod yn iaith fyw yn y ddeunawfed ganrif. Yn ôl rhai, Dorothy Pentreath, a fu farw yn 1777, oedd y person olaf i siarad Cernyweg yn famiaith.

Llydaweg
Gan nad yw cyfrifiad llywodraeth Ffrainc yn gofyn pwy sy'n gallu siarad Llydaweg, dydyn ni ddim yn

Gaeleg yr Alban

G o e d e l e g

Gwyddeleg

Manaweg

Cymbrieg

B r y t h o n e g

Cymraeg

Cernyweg

Llydaweg

Galeg

C E L T I A I D

Galeg

Celtiberleg

Galateg

Symudiadau'r Celtiaid ar draws Ewrop

llai na	less than
trwy gyfrwng	through the medium of
mudiad	movement
Mudiad Ysgolion Meithrin	Welsh Nursery Schools' Movement
dyfodiad	arrival
effaith newyn	the effect of famine
hunanlywodraeth	self-government
Seisnigo	to Anglicize
yn bennaf	mainly
ar gynnydd	increasing
darlledu	to broadcast
bellach	by now
esgob	bishop
Llyfr Gweddi Gyffredin	Book of Common Prayer
gostwng	to decline

gwybod faint o bobl sy'n siarad yr iaith heddiw. Roedd hi'n eithaf cryf ym mhedwardegau'r ugeinfed ganrif a rhyw filiwn o bobl yn ei siarad. Erbyn hyn, fodd bynnag, mae'n bosibl bod llai na hanner y nifer hynny'n medru'r iaith. Er nad oes gan Lydaweg statws swyddogol, mae rhai ysgolion yn dysgu trwy gyfrwng yr iaith ac mae Diwan, mudiad tebyg i Fudiad Ysgolion Meithrin Cymru, yn tyfu.

Gwyddeleg
Roedd bron pawb yn Iwerddon yn siarad Gwyddeleg tan yr ail ganrif ar bymtheg ond gwnaeth dyfodiad Saesneg ac effaith newyn 1845-49 ddrwg mawr i'r iaith. Erbyn i Iwerddon ennill hunanlywodraeth yn 1922, roedd y wlad wedi ei Seisnigo bron yn llwyr. Tua 30,000 o bobl sy'n defnyddio Gwyddeleg yn iaith bob dydd heddiw, yn bennaf yn ardaloedd Gwyddeleg, neu Gaeltacht, Connemara a Donegal. Fodd bynnag, mae llawer mwy yn gallu ei siarad gan fod ysgolion y wlad wedi ei dysgu er 1922. Mae diddordeb yn yr iaith a'i llenyddiaeth ar gynnydd heddiw a thyfodd nifer yr ysgolion sy'n dysgu drwy'r Wyddeleg. Mae Raidio na Gaeltachta yn darlledu drwy'r wlad ac erbyn heddiw mae ganddynt sianel deledu Wyddeleg.

Gaeleg yr Alban
Tua 60,000 o bobl sy'n siarad Gaeleg yn ôl Cyfrifiad 1991 a'r rhan fwyaf o'r rheiny'n byw yn Ynysoedd y Gorllewin. Ychydig o Aeleg sy'n cael ei siarad ar y tir mawr bellach ond mae diddordeb yn yr iaith ar gynnydd. Mae nifer yr ysgolion Gaeleg yn tyfu ac mae llawer mwy o raglenni ar y radio a'r teledu. Hefyd, mae nifer o awduron diddorol, yn enwedig beirdd, yn ysgrifennu yn yr iaith.

Manaweg
Cymro, sef yr Esgob John Phillips, oedd y cyntaf i ysgrifennu unrhyw beth yn y Fanaweg pan gyfieithodd y Llyfr Gweddi Gyffredin i'r iaith honno yn 1610. Gostyngodd nifer y siaradwyr yn gyflym yn ystod y 19eg ganrif ac erbyn Cyfrifiad 1901, doedd ond 4,419 yn ei siarad. Yn fuan, peidiodd â bod yn iaith fyw ond, fel yn achos Cernyweg, mae rhai yn ceisio ei hadfer.

Y Gymraeg Drwy'r Canrifoedd

Sut mae'r Gymraeg wedi newid dros y canrifoedd?

Fel arfer, rydyn ni'n rhannu hanes y Gymraeg yn bedwar cyfnod:

i) Cymraeg Cynnar [-850]
ii) Hen Gymraeg [850-1100]
iii) Cymraeg Canol [1100-1400]
iv) Cymraeg Diweddar [1400-]

CYMRAEG CYNNAR

Rywbryd rhwng canol y bumed ganrif a diwedd y chwечed roedd yr iaith Frythoneg wedi troi'n Gymraeg. Tra bod Brythoneg, yn debyg i Ladin, yn newid diwedd geiriau i gyfleu ystyr, roedd y Gymraeg yn gwneud hynny trwy ddefnyddio lleoliad y gair neu trwy ddefnyddio arddodiaid. Yn y broses o newid, collodd geiriau Brythoneg eu terfyniadau ac aeth:

> *marcos > march
> *bardos > bardd
> *nemos > nef
> *mapos > mab

Pan ddigwyddodd hyn, dechreuodd cyfnod Cymraeg Cynnar sy'n ymestyn o ddechrau'r iaith hyd 850. Yn naturiol, does dim llawer o Gymraeg wedi ei gadw o'r cyfnod hwn – dim ond arysgrif o'r seithfed ganrif sydd ar faen coffa yn eglwys Tywyn, ychydig o enwau lleoedd ac enwau personol yng ngwaith Beda ac ychydig o Gymraeg Cynnar yn Llyfr St Chad, copi o'r efengylau yn Lladin sy'n perthyn i ddiwedd y seithfed ganrif. Yn y llyfr hwn, mae copi o weithred Gymraeg o'r chweched ganrif sy'n cofnodi dadl am dir. Dyma'r darn hynaf o Gymraeg ysgrifenedig sydd gennym.

HEN GYMRAEG

Mae ychydig rhagor o enghreifftiau o Hen Gymraeg ar gael. Nodiadau ymyl y ddalen yn esbonio ystyr geiriau Lladin yw llawer ohonynt ond yn Llawysgrif Juvencus yn Llyfrgell Prifysgol Caergrawnt mae dau gasgliad o englynion, y naill yn perthyn i'r nawfed ganrif a'r llall i'r ddegfed. Hefyd, yn yr un brifysgol mae darn o draethawd ar seryddiaeth sy'n perthyn i'r ddegfed ganrif. Un peth diddorol am yr iaith yn y cyfnod hwn oedd bod yr acen i ddechrau ar sillaf olaf y gair. Erbyn diwedd cyfnod Hen Gymraeg, fodd bynnag, roedd wedi symud i'r sillaf olaf ond un lle y mae, fel arfer, heddiw.

Cafodd llawer o farddoniaeth a berthyn i'r cyfnod hwn ei chadw ar lafar a'i chofnodi mewn cyfnodau

GEIRFA	
cyfleu ystyr	to convey meaning
lleoliad	location, position
arddodiad(-iaid)	preposition(s)
terfyniad(au)	ending(s)
ymestyn	to extend
arysgrif	inscription
maen coffa	memorial stone
efengyl(au)	gospel(s)
gweithred	deed
cofnodi	to record (a fact)
ymyl y ddalen	the margin of a page
englyn(ion)	short poem in strict Welsh metre
y naill... a'r llall	the one... and the other
traethawd	essay
seryddiaeth	astronomy
sillaf	syllable
ar lafar	orally

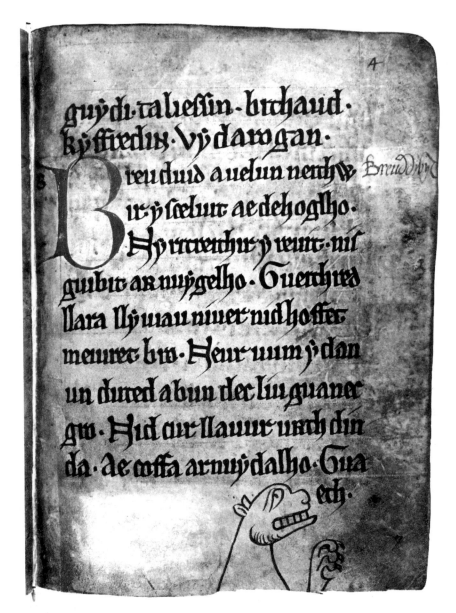

Darn o Lyfr Du Caerfyrddin, llawysgrif o'r 13eg ganrif

diweddarach. Mae rhai o drysorau pennaf yr iaith Gymraeg, *Llyfr Aneirin*, *Llyfr Taliesin* a'r cerddi am Lywarch Hen a Heledd yn perthyn i'r cyfnod hwn.

CYMRAEG CANOL

Mae digon o dystiolaeth erbyn y cyfnod hwn fod y Gymraeg yn iaith hyblyg, gyfoethog yr oedd modd ei defnyddio at bob math o bwrpas. Os oedd cerddi'r Gogynfeirdd wedi eu hysgrifennu mewn iaith geidwadol, hynafol, roedd cyfreithiau Hywel Dda yn brawf bod gan y Gymraeg eirfa helaeth a'r gallu i fynegi'r syniadau cyfreithiol mwyaf astrus, a chwedlau'r Mabinogi yn dangos ei bod hefyd yn gyfrwng effeithiol i adrodd storïau a difyrru cynulleidfa. Un nodwedd ddiddorol o'r iaith yn y cyfnod hwn oedd defnyddio -wys yn y trydydd person unigol yn yr amser gorffennol. Mae'n werth sylwi bod y ffurf hon yn dal i fod ar lafar yng Ngorllewin Morgannwg a hyd heddiw bydd pobl yn y rhan honno o Gymru'n dweud, 'Fe godws e' yn hytrach na, 'Fe gododd e'.

CYMRAEG DIWEDDAR

Mae gwaith bardd mwyaf Cymru, Dafydd ap Gwilym (fl. 1320-70) yn garreg filltir bwysig yn natblygiad yr iaith. Defnyddiodd yr iaith fyw yn ei gywyddau gan osod safon i'w olynwyr ei hefelychu. Yr iaith hon, sef iaith y beirdd, a ddefnyddiwyd maes o law gan yr Esgob William Morgan yn ei gyfieithiad campus o'r Beibl i'r Gymraeg yn 1588. Digwyddodd hyn ar adeg pan oedd y Gymraeg wedi colli ei statws a'i nawdd ar ôl pasio'r Deddfau Uno a phan oedd perygl y byddai'r iaith yn ymrannu'n nifer o dafodieithoedd. Yn y cyfnod hwn, tyfodd yr eirfa, yn enwedig oherwydd benthyciadau o'r Saesneg, gwelwyd mwy o gysondeb yn ffurfiau'r ferf a'r arddodiaid a chafwyd mwy o unffurfiaeth o ran treiglo. Mae'r Gymraeg, fel pob iaith fyw, yn dal i newid heddiw ac yn dal i brofi ei bod yn gallu ymateb i bob math o ofynion yn yr oes gyfrifiadurol hon.

GEIRFA	
trysor(au)	treasure(s)
tystiolaeth	evidence
hyblyg	flexible
ceidwadol	conservative
hynafol	ancient
cyfraith(cyfreithiau)	law(s)
mynegi	to express
astrus	difficult
chwedlau'r Mabinogi	a collection of Welsh tales
cyfrwng	medium
difyrru	to entertain
nodwedd	feature
cywydd(au)	a poem written in strict metre couplets
olynydd(olynwyr)	successor(s)
efelychu	to imitate
campus	excellent
nawdd	patronage
tafodiaith (tafodieithoedd)	dialect(s)
benthyciad(au)	borrowing(s)
cysondeb	consistency
unffurfiaeth	uniformity
treiglo	to mutate
cyfrifiadurol	computer (adj.)

Y Rhufeiniaid

GEIRFA

ymosod	to attack
diogel	safe
ymerawdwr	emperor
ymdeithio	to march
awdurdod	authority
Rhufeiniaid	Romans
brodor(ion)	native(s)
cysylltiad (â)	connection (with)
milwr (milwyr)	soldier(s)
byddin	army
sefydlu	to establish
elwa	to profit
arf(au)	weapon(s)
mur	wall
pabell (pebyll)	tent(s)
ffos	ditch
llurig	coat of mail
saeth	arrow
maes o law	eventually, before long
awyddus	eager
dynwared	to imitate
torch	torque
maneg (menig)	glove(s)
masnach	trade
crefydd	religion
clas	cloister
efengyl	gospel
yn y man	in time (to come)
dwyieithog	bilingual
llwyddo	to succeed
lleihau	to lessen
dylanwad	influence
mynachlog(ydd)	monastery(ies)

Faint o effaith gafodd y Rhufeiniaid ar y Gymraeg?

Ym mis Mai yn y flwyddyn OC 43 ymosododd y Rhufeiniaid o dan arweiniad Aulus Platus ar Brydain. Dri mis yn ddiweddarach, roedd hi'n ddigon diogel i'r Ymerawdwr Claudius ymweld â'r ynys. Ymdeithiodd i mewn i Camulodunum (Colchester) ar gefn eliffant ac erbyn tua OC 70 roedd yr holl ynys, ar wahân i ogledd yr Alban, o dan eu hawdurdod. Enw'r Rhufeiniaid ar y dalaith newydd hon oedd Britannia. Brythoneg oedd iaith y brodorion ac wrth i'r iaith honno ddod i gysylltiad â Lladin, benthyciwyd llawer o eiriau.

Milwyr oedd y Rhufeiniaid cyntaf ac am lawer o flynyddoedd y fyddin oedd Rhufain i bobl Cymru. Am fod arian gan y milwyr, sefydlodd y Brythoniaid bentrefi yn ymyl eu canolfannau er mwyn elwa ar hyn. Sylwon nhw hefyd fod dull y Rhufeiniaid o ymladd a'u harfau yn wahanol iawn i'r Brythoniaid. Does dim rhyfedd, felly, fod geiriau fel *castell, mur, pebyll, ffos, llurig* a *saeth* wedi eu benthyca ganddynt a dod yn rhan o'r iaith Gymraeg maes o law.

Roedd gan y Rhufeiniaid ffordd o fyw wahanol iawn i'r Brythoniaid a oedd yn awyddus iawn i ddynwared eu concwerwyr. Oherwydd hynny daeth *cegin, ffwrn, ystafell, ffenestr, torch* a *maneg* yn rhan o'u geirfa. Dechreuwyd yfed *gwin* a bwyta *torth* a *selsig*.

Benthyciwyd geirfa gwaith a masnach fel *aur, plwm, pwys* a *mesur* a llawer o eiriau yn perthyn i fyd crefydd: *angel, clas, diafol, efengyl* ac *eglwys*.

Roedd yn ffasiynol i roi enwau Lladin ar blant a daeth *Meirion, Garmon, Dinawd* a *Tegid* yn enwau ar Gymry yn y man. Ym maes addysg benthyciwyd *disgybl, gramadeg, llên, llyfr, gwers, ysgol* ac *ysgrifennu*.

Mae'n siŵr fod llawer o'r Brythoniaid yn ddwyieithog, yn enwedig y rhai oedd yn byw yn ymyl y trefi a'r rhai a oedd yn awyddus i lwyddo yn y byd newydd o'u cwmpas.

Pan adawodd y Rhufeiniaid Brydain yn 410, lleihaodd dylanwad Lladin. Er ei bod yn cael ei defnyddio yn yr eglwys, y mynachlogydd a'r ysgolion, doedd hi ddim yn iaith fyw y gymdeithas. Brythoneg oedd iaith bob dydd y bobl a dyna'r iaith roedd pobl yn ei siarad dros y rhan fwyaf o'r ynys. Yn y cyfnod hwn roedd yn bosib teithio o Gaeredin i Gernyw a siarad rhyw ffurf ar Frythoneg bob cam o'r ffordd.

Ar ôl i'r Rhufeiniaid ymadael â'r ynysoedd hyn, roedd hi'n ymddangos bod problemau'r Brythoniaid drosodd ond roedd hynny'n bell iawn o fod yn wir, fel y cawn ni weld.

Eglwys

Llyfr

Angel

Castell

Menig

Rhai pethau a gafodd enwau Lladin

G E I R F A

ymddangos   *to appear*

13

Dyfodiad y Saeson

GEIRFA

diarffordd	isolated, remote
cynnig	to offer
islaw	below
Pictiaid	Picts
Gwyddelod	Irish people
pennaeth (penaethiaid)	chieftain(s)
annoeth	unwise
cymorth	help
siom	disappointment
caer(au)	fort(s)
cyrch(oedd)	raid(s)
ffyrnig	fierce
Sacsoniaid	Saxons
ymgartrefu	to settle
cymathu	to assimilate
Hafren	River Severn
Dyfrdwy	River Dee
Cernyw	Cornwall

Beth ddigwyddodd i ieithoedd Celtaidd Prydain pan ddaeth y Saeson?

Mae'n bosib eich bod wedi ymweld â Nant Gwrtheyrn yn Llŷn. Os nad ydych, mae'n werth ichi fynd i'r pentref diarffordd, diddorol hwnnw lle mae heddiw ganolfan iaith ardderchog sy'n cynnig cyrsiau Cymraeg drwy'r flwyddyn. Yn ymyl y pentref, mae craig uchel yn disgyn bron yn syth i'r môr islaw. Enw'r graig honno yw'r Garreg Llam. Yn ôl traddodiad, yma y lladdodd Gwrtheyrn [Vortigern] ei hun trwy neidio i'r môr. Ond pwy oedd Gwrtheyrn?

Ar ôl i'r Rhufeiniaid adael Prydain roedd y Pictiaid yn y gogledd a'r Gwyddelod i'r gorllewin yn bygwth y Brythoniaid. Yn ôl traddodiad, un o benaethiaid y wlad oedd Gwrtheyrn [Vortigern] ac, yn annoeth iawn, penderfynodd ofyn i ddau bennaeth Sacsonaidd, Hengist a Horsa, am help i amddiffyn y wlad rhag y gelynion hyn. Yn dâl am eu cymorth, addawodd iddynt arian a thir. Llwyddwyd i drechu'r Pictiaid a'r Gwyddelod ond daeth y Sacsoniaid mor hoff o'r wlad nes iddynt benderfynu aros gan gymryd tir y brodorion a sefydlu teyrnas yn ne-ddwyrain Lloegr. Yn ei siom, ciliodd Gwrtheyrn i Lŷn, a chymryd ei fywyd ei hun trwy neidio o'r Garreg Llam.

Dyna yw'r stori, ond, mewn gwirionedd, mae'n debyg bod milwyr o'r rhannau o Ewrop a alwn ni yr Almaen a'r Iseldiroedd wedi dod i Brydain gyda byddinoedd Rhufain. Hyd yn oed tra oedd y Rhufeiniaid yma, bu rhaid iddynt godi caerau ar hyd arfordir y dwyrain i'w hamddiffyn rhag cyrchoedd ffyrnig y bobl hyn. Ar ôl i'r Rhufeiniaid ymadael â'r ynysoedd hyn yn OC 410, dechreuodd y Sacsoniaid groesi'r môr unwaith yn rhagor ac ymgartrefu yn nwyrain Lloegr.

Yn raddol, lledodd y Sacsoniaid ar draws gwlad, gan gymathu'r brodorion wrth fynd. Cyrhaeddon nhw aber afon Hafren erbyn 577 ac aber Dyfrdwy erbyn 616 a chafodd y Brythoniaid eu rhannu'n dri grŵp – un yng ngogledd Lloegr a de'r Alban, un yng Nghymru ac un yng Nghernyw.

Gydag amser, tyfodd ieithoedd y bobl hyn yn wahanol i'w gilydd gan ddatblygu'n Gymraeg yng Nghymru ac yn Gernyweg yn y de-orllewin. *Wealas* (Welsh yn ddiweddarach) oedd enw'r Sacsoniaid ar y Brythoniaid ac ystyr y gair hwnnw yw 'estron'. Ceir yr un elfen yn y gair

Saesneg, 'walnut' (cneuen estron) a'r 'Walloons' (pobl estron) yng Ngwlad Belg. Yng ngolwg y Sacsoniaid felly, roedden ni'n estroniaid yn ein gwlad ein hunain. Ar y llaw arall, ystyr y gair 'Cymry' yw 'cydwladwyr' neu bobl yn perthyn i'w gilydd.

O'r tair iaith Frythonig ar dir mawr Prydain, dim ond y Gymraeg sy'n cael ei siarad heddiw. Er bod gan ffermwyr gogledd-orllewin Lloegr ddull o rifo defaid tebyg i ni'r Cymry, ac er bod enwau lleoedd fel Elmet, Penrith ac Ecclefechan yn tystio bod iaith debyg i'r Gymraeg wedi cael ei siarad yng ngogledd Lloegr a de'r Alban, mae'n debyg i'r iaith honno farw yn yr unfed ganrif ar ddeg.

Y Gymraeg, felly, yw'r iaith â'r gwreiddiau hynaf ar dir mawr Prydain, yn hŷn o lawer na Saesneg a Gaeleg yr Alban sydd, ill dwy, ond tua 1500 mlwydd oed.

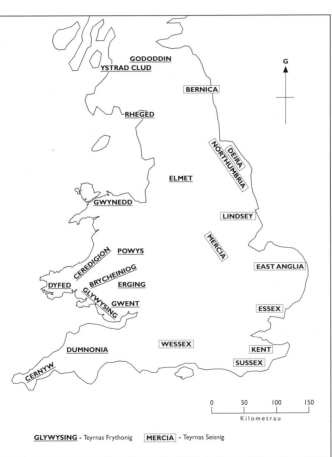

Y Celtiaid a'r Saeson

GLYWYSING - Teyrnas Frythonig   MERCIA - Teyrnas Seisnig

GEIRFA	
estron	*foreign*
elfen	*element*
dull	*method*
yn hŷn o lawer na	*much older than*

15

GEIRFA

Oesoedd Canol	Middle Ages
Clawdd Offa	Offa's Dyke
Henffordd	Hereford
Amwythig	Shrewsbury
tafodiaith (tafodieithoedd)	dialect(s)
safonol	standard (adj.)
cyfieithiad(au)	translation(s)
gwreiddiol	original
amrywiaeth eang	wide variety
ystwyth	flexible
cymhleth	complex
hela	to hunt
herodraeth	heraldry
amaethyddiaeth	agriculture
meddygaeth	medicine
daearyddiaeth	geography
gweithredoedd tir	land deeds
creadigol	creative
rhyddiaith	prose
cyfraniad(au)	contribution(s)
chwedl	tale
hynafol	ancient
difyrru	to entertain
cenhedlaeth	generation
golygu	to edit
gradd	grade
llys	court
dyletswydd(au)	duty (duties)

Beth oedd cyflwr y Gymraeg cyn 1536?

Yn yr Oesoedd Canol, ac wedi hynny, roedd y Gymraeg yn cael ei siarad nid yn unig ar draws Cymru ei hun ond hefyd i'r dwyrain o Glawdd Offa mewn rhannau o siroedd presennol Henffordd ac Amwythig yn Lloegr.

Er bod gan y Gymraeg nifer o dafodieithoedd bywiog a lliwgar roedd yr iaith ysgrifenedig yn eithaf safonol o'i chymharu ag ieithoedd eraill fel Saesneg. Y Gymraeg oedd unig iaith y rhan fwyaf o'r boblogaeth ac oherwydd hynny byddai'n cael ei defnyddio i drafod pob agwedd ar fywyd. Yn y cyfnod hwn mae gennym lawer o gyfieithiadau, yn ogystal â gweithiau gwreiddiol yn trafod amrywiaeth eang o bynciau.

Enghraifft dda o lyfr hanes wedi ei ysgrifennu yn y Gymraeg yw *Brut y Tywysogion* ac mae cyfraith Hywel Dda, sy'n perthyn i'r ddegfed ganrif, yn dangos bod gennym, hyd yn oed yn y cyfnod cynnar hwnnw, iaith ystwyth a chyfoethog ei geirfa oedd yn gallu ymdrin â'r pynciau mwyaf cymhleth. Ysgrifennwyd ar destunau mor amrywiol â hela, herodraeth, amaethyddiaeth, meddygaeth a daearyddiaeth ac roedd y Gymraeg yn cael ei defnyddio'n gyson wrth lunio gweithredoedd tir.

Yn naturiol, cafwyd llawer o ysgrifennu creadigol yn y cyfnod hwn, yn rhyddiaith a barddoniaeth. Un o gyfraniadau mawr Cymru i lenyddiaeth Ewrop yw'r *Mabinogion*, casgliad o dair chwedl ar ddeg sy'n llawn o gymeriadau rhyfedd a digwyddiadau cyffrous. Roedd y chwedlau hyn yn hynafol iawn ac, i ddechrau, storïwyr fyddai yn eu hadrodd ar lafar i ddifyrru cenhedlaeth ar ôl cenhedlaeth o bobl yn llys y tywysog neu ar yr aelwyd. Rywbryd rhwng 1050 a 1170 cofnododd rhyw lenor neu lenorion galluog ond di-enw y chwedlau a'u golygu ac maen nhw'n dal i ddifyrru pobl o bob oed hyd heddiw.

Byddwn yn dal i gadeirio'r bardd bob blwyddyn yn yr Eisteddfod Genedlaethol, gweithred sy'n ein hatgoffa o statws uchel y bardd erioed yng Nghymru. Yn wir, roedd gan y pencerdd, y radd uchaf o'r beirdd, gadair arbennig yn llys y tywysog. Yn y cyfnod hwnnw roedd y bardd yn grefftwr proffesiynol a'i ddyletswyddau wedi eu diffinio'n fanwl yn y cyfreithiau.

Byddai bardd yn dysgu ei grefft gan feirdd eraill gan dyfu o fod yn ddisgybl i fod yn 'fardd teulu' ac wedyn, os oedd yn ddigon da, yn bencerdd. I ddechrau, y tywysogion oedd yn cynnal y beirdd ond ar ôl 1282 bu rhaid iddynt ddibynnu'n llwyr ar yr uchelwyr am eu nawdd. Byddai'r beirdd cydnabyddedig yn cael mynd o blas i blas i ganu eu cerddi a derbyn tâl am eu gwasanaeth. Yn y cyfnod hwn y datblygodd y gynghanedd, un o brif nodweddion barddoniaeth Gymraeg, ynghyd â llawer o'r mesurau y mae ein beirdd heddiw yn dal i ganu arnynt. Er bod nifer o feirdd galluog yn canu ar y pryd, y gorau ohonynt,

yn ddi-os, oedd Dafydd ap Gwilym – bardd pwysicaf Cymru. Roedd e'n enwog am ei gerddi natur a serch a'i barodrwydd i sôn am ei helyntion wrth garu!

Yn yr Oesoedd Canol, y Gymraeg oedd unig iaith y mwyafrif o'r Cymry a threiddiodd i bob cornel o'u bywydau – eu gwaith, eu crefydd, eu hiechyd, eu difyrrwch a'u holl ddiddordebau. Fel pob iaith arall sy'n cael y cyfle, llwyddodd i ddatblygu'r holl adnoddau oedd yn angenrheidiol i wneud hyn gan gynnwys termau technegol o bob math.

GEIRFA

disgybl	*pupil*
cynnal	*to support*
uchelwr (uchelwyr)	*nobleman (nobility, gentry)*
cydnabyddedig	*acknowledged*
cynghanedd	*a metrical consonance peculiar to Welsh*
di-os	*without doubt*
helynt(ion)	*trouble(s); adventure(s)*
treiddio	*to penetrate*
adnoddau	*resources*
gan gynnwys	*including*

Lluniau o'r llyfrau cyfraith

17

Y Deddfau Uno [1536-43]

GEIRFA

gweinyddwr	administrator
gwladwriaeth	state
unffurf	uniform
teyrnas	kingdom
undod	unity
deddf(au)	law(s)
mantais (manteision)	advantage(s)
corffori	to incorporate
eiddo	property
yn ôl yr hen arfer	according to the old custom
swyddogol	official
ustus(iaid)	justice(s) of the peace
aelod(au) seneddol	member(s) of parliament
ysgol fonedd (ysgolion bonedd)	public school(s)
cefnu	to turn one's back
gwŷr mawr	gentry
llywodraethu	to govern

Ai un o fwriadau'r Deddfau Uno oedd lladd yr iaith Gymraeg?

Roedd prif weinyddwr Harri VIII, Thomas Cromwell, yn awyddus i greu un wladwriaeth gryf, unffurf a modern yn yr ynysoedd hyn trwy uno'r gwahanol wledydd yn un deyrnas. Roedd e'n gweld hyn yn digwydd mewn gwledydd fel Ffrainc a Sbaen yn yr un cyfnod a daeth i gredu mai mewn undod roedd nerth. Erbyn 1541 roedd Senedd Iwerddon yn derbyn bod gan Harri VIII yr hawl i'w alw ei hun yn Frenin Iwerddon ac roedd Cromwell yn gwybod fod llawer o Gymry hefyd am weld diwedd ar y deddfau annheg yr oeddent wedi eu dioddef ers canrifoedd. Roedd y Cymro am fwynhau'r un manteision â'r Sais cyffredin.

Bwriad Deddf 1536 oedd gwneud Cymru'n rhan o Loegr – 'corffori, uno a chysylltu' yw'r geiriau a ddefnyddir. O hyn allan, cyfraith Lloegr fyddai cyfraith y wlad, crëwyd rhai siroedd newydd a daeth yn bosib i adael eiddo i'r mab hynaf yn lle ei rannu rhwng yr holl feibion yn ôl yr hen arfer yng Nghymru.

Saesneg, wrth gwrs, fyddai iaith swyddogol y wlad. Mae Deddf 1536 yn sôn am y Gymraeg fel hyn: 'the people of the same dominion have and do daily use a speche nothing like ne consonaunt to the naturall mother tonge used within this Realme'. Doedd hyn ddim wrth fodd Cromwell ac fe gyhoeddodd fwriad y senedd 'utterly to extirpe alle and singular the sinister usages and customs'. Collodd yr iaith unrhyw statws a oedd ganddi a doedd hi ddim yn bosib i unrhyw un ddal swydd gyhoeddus oni bai ei fod yn siarad Saesneg.

Roedd ustusiaid ac aelodau seneddol i gael eu dewis o blith y gwŷr bonheddig oedd yn siarad Saesneg. Gan fod y rheiny'n awyddus i'w meibion lwyddo yn y byd Saesneg newydd, dechreuon nhw eu hanfon i ysgolion bonedd yn Lloegr. Yn raddol, cefnodd y dosbarth hwn o bobl ar y Gymraeg ac erbyn diwedd y ddeunawfed ganrif ychydig iawn o'r gwŷr mawr oedd yn medru'r iaith.

Doedd na Harri VIII na Thomas Cromwell ddim wedi mynd ati o fwriad i ladd y Gymraeg. Eu hunig fwriad oedd uno holl rannau'r deyrnas gan sicrhau bod pob rhan yn cael ei gweinyddu a'i llywodraethu yn yr un modd. Roedd hi'n bwysig gwneud hyn trwy gyfrwng un iaith, a Saesneg oedd yr iaith honno. Dyna'r polisi yn Iwerddon a Calais hefyd ac felly doedd Cymru ddim yn eithriad.

Ond os nad bwriad y ddeddf oedd gwneud drwg i'r iaith, fe gollodd statws yn ei gwlad ei hun a dechreuodd rhai, yn enwedig o blith dosbarth uchaf y gymdeithas, edrych i lawr eu trwynau arni. Dyma'r adeg y clywyd sôn gyntaf am Dic Sion Dafydd, y cymeriad truenus hwnnw oedd am anghofio ei Gymraeg a throi ei gefn arni cyn gynted ag roedd e'n gweld afon Hafren neu glochdai Amwythig.

Roedd rhai pobl alluog yn gallu gweld y perygl i'r Gymraeg yn glir ond roedd eraill yn croesawu'r heddwch a'r fantais economaidd o fod yn gydradd â'r Sais. Yn sicr, doedd neb yn teimlo ei fod o dan anfantais o ganlyniad i'r Ddeddf. Ond wrth i'r dosbarth uchaf golli'r iaith, collodd y beirdd eu noddwyr a dechreuodd y gyfundrefn farddol a oedd wedi cynnal safonau'r iaith a'i diwylliant wanhau. Roedd hi'n ymddangos bod y Gymraeg ar fin ymrannu'n nifer o dafodieithoedd yn hytrach na datblygu'n iaith genedlaethol. Ond nid felly y bu.

Rhan o Ddeddf Uno 1536 yn sôn am yr iaith

GEIRFA

eithriad	*exception*
truenus	*pityful*
clochdai Amwythig	*the belfries of Shrewsbury*
cydradd â	*equal to*
o ganlyniad i	*as a result of*
y gyfundrefn farddol	*the bardic order*
ymrannu	*to divide*

Cyfieithu'r Beibl

Pam roedd cyfieithu'r Beibl i'r Gymraeg mor bwysig i'r iaith?

Yn 1588 ymosododd Armada Sbaen ar Loegr, ond llwyddodd y llynges, o dan arweiniad Syr Francis Drake, i drechu'r Sbaenwyr ac achub y wlad. Yn yr un flwyddyn roedd digwyddiad yr un mor bwysig yn hanes Cymru, oherwydd gorffennodd Dr William Morgan gyfieithu'r Beibl i'r Gymraeg a sicrhau dyfodol i'r iaith.

Ganed William Morgan yn 1545, yn fab i un o denantiaid stad Gwydir yn Nyffryn Conwy. Mae'n debygol ei fod wedi derbyn ei addysg gynnar ym Mhlas Gwydir cyn mynd ymlaen i Brifysgol Caergrawnt yn 1565. Yno astudiodd Ladin, Groeg a Hebraeg, ieithoedd gwreiddiol y Beibl, graddio yn 1571 ac ennill gradd Doethor mewn Diwinyddiaeth yn 1583.

Ar ôl treulio pedair blynedd yn ddiacon ac offeiriad yn eglwys gadeiriol Ely, ger Caergrawnt, daeth adref i Gymru yn 1572 yn ficer Llanbadarn Fawr, Aberystwyth. Yn 1578 aeth yn ficer Llanrhaeadr ym Mochnant ac yno y dechreuodd ar y gwaith mawr o gyfieithu'r Beibl.

Yn 1563 roedd y Senedd wedi pasio Deddf yn gorchymyn i esgobion Cymru a Henffordd sicrhau bod cyfieithiadau Cymraeg o'r Beibl a'r Llyfr Gweddi ar gael erbyn 1567 ac yn dweud bod rhaid cynnal gwasanaethau yn yr ardaloedd Cymraeg yn iaith y bobl. Nid cariad at y Gymraeg oedd y rheswm, ond mewn cyfnod pan oedd ymgecru crefyddol ledled Ewrop, mae'n debyg bod y Senedd wedi sylweddoli bod sicrhau unffurfiaeth grefyddol yn bwysicach na bod pawb yn siarad yr un iaith. Y gobaith hefyd oedd y byddai rhoi fersiwn Cymraeg o'r Beibl ochr yn ochr â'r un Saesneg ym mhob eglwys yn helpu'r Cymry uniaith i ddysgu Saesneg.

William Salesbury oedd yn bennaf cyfrifol am y cyfieithiad o'r Testament Newydd a'r Llyfr Gweddi a gyhoeddwyd yn 1567. Er bod safon y cyfieithiad yn uchel, doedd llawer o bobl ddim yn ei hoffi am fod Salesbury wedi mynnu Lladineiddio'r sillafu, defnyddio hen eiriau a gwrthod nodi rhai treigladau.

Roedd rhaid aros tan 1588 am gampwaith William Morgan. Defnyddiodd ef iaith glasurol y beirdd ond er bod honno, mae'n debyg, wedi swnio'n ddieithr i'r bobl gyffredin i ddechrau, yn raddol daethant yn gyfarwydd â'i rhythmau mawreddog wrth iddynt ei chlywed o Sul i Sul mewn eglwysi ledled Cymru.

Yn ogystal â bod yn ysgolhaig,

roedd William Morgan yn llenor dawnus. Roedd ei gamp yn cyfieithu'r Beibl cyfan yn fawr o gofio ei fod wedi cwblhau cryn dipyn o'r gwaith ym mhlwyf diarffordd Llanrhaeadr ym Mochnant, yn bell iawn o unrhyw lyfrgell. Ar ben hyn, yn ystod ei gyfnod yn Llanrhaeadr, cafodd lawer o broblemau personol a oedd yn ofid ac yn boen iddo, ac yntau'n ceisio gorffen gwaith mawr ei fywyd.

Cafodd cyfieithiad William Morgan ddylanwad mawr ar ddyfodol y Gymraeg. Roedd pobl gyffredin ym mhob rhan o'r wlad yn clywed yr iaith lenyddol bur a

Wyneb-ddalen Beibl William Morgan

ymrannu	to become disunited
hunaniaeth	identity
penodi	to appoint
Llanelwy	St Asaph
cofeb	memorial
cymwynaswr(wyr)	benefactor(s)

fenthyciodd ef gan y beirdd. O ganlyniad, ymrannodd mo'r Gymraeg yn nifer o dafodieithoedd fel y gwnaeth ei chwaer-ieithoedd, Gwyddeleg a Gaeleg, a bu'n ffactor pwysig wrth inni ystyried sut y llwyddodd y Cymry i gadw eu hunaniaeth.

Yn dilyn cyfieithu'r Beibl, penodwyd William Morgan yn Esgob Llandaf yn 1595 ac yn Esgob Llanelwy yn 1601. Bu farw yn 1604, yn ŵr cymharol dlawd gan adael eiddo gwerth £110 yn unig. Os byddwch yn ymweld ag ardal Llanelwy, cofiwch alw heibio i'r eglwys gadeiriol. O flaen yr eglwys honno mae cofeb i gyfieithwyr y Beibl a William Morgan yn frenin yn eu canol – un o gymwynaswyr mwyaf yr iaith Gymraeg.

Y gofeb yn Llanelwy i gyfieithwyr y Beibl

Y Mudiadau Addysgol, 1660-1760

Pam roedd cymaint o bobl gyffredin yng Nghymru yn gallu darllen Cymraeg erbyn y ddeunawfed ganrif?

O ganol yr ail ganrif ar bymtheg i ganol y ddeunawfed fe welodd Cymru dri mudiad addysgol pwysig yn cael eu sefydlu. Roedd y tri yn fudiadau gwirfoddol a dau ohonyn nhw wedi eu sefydlu'n bennaf gan Saeson a oedd yn poeni am gyflwr ysbrydol truenus Cymru.

Y cyntaf o'r mudiadau hyn oedd Yr Ymddiriedolaeth Gymreig neu'r Welsh Trust a gafodd ei sefydlu yn 1674. Ei phrif sylfaenydd oedd offeiriad o Lundain o'r enw Thomas Gouge. Agorodd yr Ymddiriedolaeth ysgolion i blant tlawd er mwyn dysgu iddynt ddarllen, ysgrifennu a rhifo. Eu nod oedd dysgu hanfodion y ffydd Brotestannaidd ac amddiffyn y bobl rhag Pabyddiaeth. Cafodd ysgolion eu hagor ym mhob rhan o Gymru ac erbyn 1675 roedd 2,225 o blant yn derbyn addysg yn rhad ac am ddim ynddynt. Roedd eglwyswyr ac anghydffurfwyr yn cydweithio'n dda i ddechrau ond gydag amser dechreuodd rhai amau bwriad Thomas Gouge a dweud ei fod yn ochri gormod gyda'r anghydffurfwyr. Problem arall oedd yr iaith Gymraeg.

Niwsans oedd yr iaith i wŷr fel Gouge ond, ar y llaw arall, roedd llawer o rieni'r plant yn anfodlon eu bod yn cael eu dysgu yn Saesneg, iaith nad oedd y mwyafrif llethol yn ei deall.

Teimlai rhai Cymry a weithiai dros y Welsh Trust yr un fath. Un o'r rhain oedd Stephen Hughes, anghydffurfiwr o Gaerfyrddin. Gwelodd fod rhaid defnyddio Cymraeg i achub eneidiau'r Cymry a sylweddolodd fod angen cyhoeddi llyfrau crefyddol yn yr iaith i wneud hyn yn effeithiol. Cyhoeddodd Stephen Hughes nifer o lyfrau gan gynnwys Llyfr y Salmau, y Testament Newydd ac argraffiad o 8,000 o Feiblau yn 1678. Roedd hyn yn help i gadw rhywfaint o Gymraeg yn yr ysgolion gwirfoddol. Fodd bynnag, pan fu farw Gouge yn 1681, daeth y Welsh Trust i ben.

Yn 1699 y cafodd y Gymdeithas er Taenu Gwybodaeth Gristnogol, neu'r S.P.C.K., ei sefydlu, a hynny gan bedwar Sais ac un Cymro. Y diwydiannwr Syr Humphrey Mackworth oedd yr unig Gymro ond yn ddiweddarach fe chwaraeodd Syr John Phillips o Gastell Pictwn yn sir Benfro ran flaenllaw yng ngwaith y Gymdeithas yng Nghymru. Fel yn achos y Welsh Trust, darllen,

GEIRFA

maes llafur	syllabus
pwnc llosg	burning issue
Talacharn	Laugharne
grymus	powerful
uniaith	monoglot
ysgolion cylchynol	circulating schools
ymarferol	practical
mynychu	to attend
ysgol hyfforddi	training school
denu	to attract
cefnog	rich
yn gefn iddo	a support
rhoi bri ar	to give honour to

ysgrifennu a rhifo oedd sylfaen y maes llafur er bod y bechgyn hefyd yn dysgu crefft a'r merched sut i weu a gwnïo. Fel arfer, offeiriad y plwyf oedd yr athro ac yn yr eglwys y bydden nhw'n cynnal yr ysgolion. Rhwng 1699-1740 sefydlwyd 96 o ysgolion yng Nghymru.

Doedd yr ysgolion ddim mor llwyddiannus ar ôl 1715 wrth i lawer o anghydffurfwyr wrthod eu cefnogi. Unwaith eto daeth mater dysgu drwy'r Saesneg yn bwnc llosg ac roedd rhieni tlawd yn anfodlon gadael i'w plant fynd i'r ysgol pan oedd angen eu help o gwmpas y cartref.

Yr athro ar ysgol yr S.P.C.K. yn Nhalacharn o 1708 ymlaen oedd un o Gymry mawr y ddeunawfed ganrif, sef Griffith Jones, Llanddowror. Roedd yn bregethwr poblogaidd a grymus ac am iddo briodi Margaret, chwaer Syr John Phillips, Castell Pictwn, cafodd lawer o help ymarferol gan y gŵr hwnnw. Gwelodd Griffith Jones yn fuan nad oedd yn werth dysgu plant uniaith Gymraeg drwy gyfrwng y Saesneg. Yn 1731, felly, agorodd ei ysgol ei hun yn Llanddowror gyda'r bwriad o ddysgu pobl o bob oed i ddarllen. Dyna ddechrau'r ysgolion cylchynol yng Nghymru. Roedd yr ysgolion hyn

yn hollol ymarferol. Dysgu darllen oedd eu hunig nod a byddai'r cwrs yn parhau am dri mis fel arfer. Am fod pobl y wlad yn brysur yn yr haf, byddent yn cynnal yr ysgolion yn y gaeaf fel arfer ac weithiau gyda'r nos ar ôl i waith y dydd ddod i ben. Erbyn 1737, roedd Griffith Jones wedi sefydlu 27 o ysgolion ac roedd 2,400 o ddisgyblion yn eu mynychu. Oedolion oedd llawer o'r rhain.

Byddai'r athrawon yn cael £3-£4 o gyflog y flwyddyn ac agorodd Griffith Jones ysgol hyfforddi iddynt yn Llanddowror er mwyn sicrhau eu bod yn dysgu'n effeithiol. Oherwydd y parch mawr iddo, llwyddodd i ddenu athrawon talentog iawn er gwaethaf y cyflog isel a llwyddodd hefyd i berswadio llawer o Saeson cefnog i noddi'r ysgolion. Yn ogystal â Syr John Phillips, bu Madam Bridget Bevan yn gefn iddo. Roedd angen ei chefnogaeth gan nad oedd yn ddyn iach a gan fod rhai yn cyhuddo'i ysgolion o feithrin Methodistiaeth.

Pan fu farw Griffith Jones yn 1761, dywedwyd ei fod wedi sefydlu tua 3,325 o ysgolion er 1737 a bod tua 200,000 o bobl, yn blant ac oedolion, wedi eu mynychu. Yn wahanol i'r Welsh Trust a'r S.P.C.K., rhoddodd fri ar yr iaith Gymraeg a llwyddodd i greu gwerin lythrennog. Aeth hanes ei lwyddiant ar led ac yn 1764 gofynnodd Catrin o Rwsia am adroddiad ar yr ysgolion llwyddiannus hyn.

WELCH PIETY:

OR,

A FARTHER ACCOUNT

Of the Circulating

Welch Charity Schools,

FROM

Michaelmas 1750, *to* Michaelmas 1751.

To which are annexed,

TESTIMONIALS

Relating to the MASTERS and SCHOLARS
of the said Schools.

In a LETTER to a FRIEND.

Open thy Mouth for the Dumb, in the Cause of all the Sons of Destruction (*as in the Margin.*)—Plead the Cause of the Poor and Needy.   PROV. xxxi. 8, 9.
——Surely these are Poor, they are Foolish ; for they know not the Way of the Lord, nor the Judgment of their GOD. JER. v. 4.

LONDON:

Printed by J. OLIVER, in *Bartholomew-Close.*

M.DCC.LII.

Welch Piety *oedd adroddiad blynyddol Griffith Jones i'w noddwyr*

| gwerin lythrennog | *a literate working class* |

Brad y Llyfrau Gleision

araith	speech
Tŷ'r Cyffredin	House of Commons
Siartwyr	Chartists
Helyntion Beca	The Rebecca Riots
cyfrol	volume
cynnwys	content
cyfeirio at	to refer to
Brad y Llyfrau Gleision	The Treachery of the Blue Books
bargyfreithiwr	barrister
anghydffurfwyr	nonconformists
canmol	to praise
cyfyng	limited
beirniadol	critical
tystiolaeth	evidence
gweld bai ar	to blame
meddw	drunken

Beth oedd Brad y Llyfrau Gleision?

Yn dilyn araith yn Nhŷ'r Cyffredin yn 1846 gan William Williams, Cymro o Lanpumsaint, Sir Gaerfyrddin, cafodd Comisiwn ei sefydlu i edrych i mewn i gyflwr addysg yng Nghymru a'r cyfle oedd gan weithwyr cyffredin i ddysgu Saesneg. Roedd y llywodraeth yn poeni am gyfraith a threfn yng Nghymru ar y pryd ar ôl helyntion y Siartwyr yn ne-ddwyrain y wlad a Helyntion Beca yn y gorllewin ac roedden nhw'n barod iawn i wrando ar awgrym y Cymro a oedd yn aelod seneddol dros Coventry.

Erbyn 1 Ebrill, 1847, roedd y comisiynwyr wedi paratoi adroddiad 1,252 tudalen o hyd mewn tair cyfrol. Achosodd ei gynnwys helynt ofnadwy yng Nghymru ac ymhen amser cyfeiriai pobl at y digwyddiad fel Brad y Llyfrau Gleision.

Tri bargyfreithiwr ifanc o Loegr, Lingen, Symons a Johnson, oedd awduron yr adroddiad. Doedden nhw ddim yn siarad Cymraeg nac yn ei deall er bod mwyafrif y dosbarth gweithiol yng Nghymru ar y pryd yn uniaith Gymraeg. Ar ben hynny, roeddynt yn eglwyswyr tra bod y mwyafrif o Gymry cyffredin yn anghydffurfwyr.

Yn yr adroddiad roedd darlun o gyflwr truenus addysg yng Nghymru. Doedd llawer o oedolion ddim yn gallu ysgrifennu eu henwau a doedd llawer o blant ddim yn mynd i'r ysgol o gwbl. Roedd adeiladau'r ysgolion preifat yn wael a safon yr addysg, ar y cyfan, yn isel iawn. Yr unig ysgolion a oedd ar gael ym mhob rhan o'r wlad oedd yr ysgolion Sul. Cafodd y rheiny eu canmol gan y comisiynwyr am ddysgu plant ac oedolion i ddarllen Cymraeg a rhoi cyfle iddynt drafod materion o bob math. Dywedon nhw, fodd bynnag, fod yr addysg hon yn gyfyng iawn ei natur.

Roedd rhaid i'r comisiynwyr ddibynnu'n gyson ar gyfieithwyr a'r rheiny, yn aml, yn rhai gwael. Byddent yn holi'r plant am bethau nad oedden nhw wedi eu dysgu ac roedden nhw'n feirniadol iawn o allu'r athrawon i ddysgu Saesneg fel ail iaith. Ar yr un pryd doedden nhw ddim yn gweld dim byd o'i le bod plant uniaith Gymraeg yn cael eu dysgu mewn iaith nad oedden nhw'n ei deall. Rhoddodd y comisiynwyr ormod o sylw hefyd i dystiolaeth Anglicanwyr a oedd yn lleiafrif yng Nghymru ac yn barod iawn i weld bai ar bobl y capel. Aeth yr adroddiad mor bell â dweud bod y Cymry'n frwnt, yn ddiog, yn feddw, yn anwybodus ac yn anfoesol a rhoi'r bai am hyn ar ddau beth, sef yr iaith Gymraeg a'r capel. Yn wir, awgrymon nhw fod cyfarfodydd y capel ond yn esgus weithiau i bobl ifainc gyfarfod â'i gilydd i ymddwyn yn anfoesol.

Dyma'r rhan o'r adroddiad a dynnodd sylw papurau Llundain a'r rhan a gododd wrychyn y Cymry. Teimlai llawer yn grac bod merched Cymru yn cael cam ac aeth nifer ati i'w hamddiffyn. Un o'r dadleuwyr galluocaf yn erbyn yr adroddiad oedd Ieuan Gwynedd [Evan Jones] 1820-52, newyddiadurwr ifanc a ddangosodd fod llawer o ffeithiau'r adroddiadau'n anghywir.

Yn ddiamau, cafodd helynt y Llyfrau Gleision effaith fawr ar agwedd y Cymry. Roedd y mwyafrif o arweinwyr y wlad yn sensitif i feirniadaeth yr adroddiad ac aethant ati i geisio dangos eu bod yn bobl onest, foesol a pharchus. Fodd bynnag, parodd y digwyddiad i ambell un, fel Michael D. Jones, droi'n fwy o genedlaetholwr. Wrth i addysg orfodol gael ei sefydlu yn chwarter olaf y ganrif, roedd y Cymry, ar y cyfan, yn ddigon hapus iddi fod yn addysg Saesneg heb fod ynddi le i'r iaith Gymraeg. Paratoi plant i gymryd eu lle mewn byd Saesneg oedd nod yr ysgol o hyn allan. Ym maes crefydd, fodd bynnag, tyfodd y rhwyg rhwng yr eglwys a'r capel gyda'r capeli'n tyfu'n gadarnleoedd yr iaith hyd ganol yr ugeinfed ganrif.

PICTURES FOR THE MILLION OF WALES.--No. 2.

Un o gartwnau Hugh Hughes yn darlunio Brad y Llyfrau Gleision

GEIRFA	
anwybodus	*ignorant*
anfoesol	*immoral*
ymddwyn	*to behave*
codi gwrychyn	*to raise the hackles*
cael cam	*to be done a wrong*
newyddiadurwr	*journalist*
agwedd	*attitude*
parodd (o 'peri')	*caused*
cenedlaetholwr	*nationalist*
addysg orfodol	*compulsory education*
rhwyg	*split*

Y Gymraeg yn yr Ugeinfed Ganrif

Beth sydd wedi digwydd i'r iaith yn ystod yr ugeinfed ganrif a beth yw ei rhagolygon heddiw?

Ers dechrau'r ganrif mae nifer a chanran y siaradwyr Cymraeg wedi gostwng yn gyson ym mhob Cyfrifiad. Dyma'r ffigurau:

1901 – 929,824 [49.9%]
1911 – 977,366 [43.5%]
1921 – 929,183 [37.1%]
1931 – 909,261 [36.8%]
1951 – 714,686 [28.9%]
1961 – 656,002 [26%]
1971 – 542,200 [20.8%]
1981 – 503,549 [18.9%]

Yn ôl Cyfrifiad 1991, roedd 508,098 o bobl yn siarad Cymraeg, sef 18.6% o'r boblogaeth gyfan. Fe welwch fod y ganran wedi gostwng yn llai nag mewn cyfrifiadau cynt. O'r siaradwyr Cymraeg, roedd dros hanner yn byw yn siroedd Gwynedd a Dyfed ac mae dros 30,000 ohonynt yn byw ym mhob un o'r ardaloedd canlynol – Arfon, Ynys Môn, Ceredigion, Llanelli a Chaerfyrddin. Dylem nodi hefyd bod dros 17,000 yn byw yn ardal Caerdydd ac yn Abertawe, dwy ddinas fwyaf Cymru, sydd gyda'i gilydd â chyfanswm felly o bron 35,000 o siaradwyr Cymraeg. Er ein

bod yn cysylltu'r iaith Gymraeg yn draddodiadol â'r wlad, mae'r rhan fwyaf o siaradwyr yr iaith, mewn gwirionedd, yn byw mewn ardaloedd trefol. Fodd bynnag, mae'r cymdogaethau lle mae'r Gymraeg yn iaith naturiol y gymdeithas gyfan yn perthyn i Gymru wledig.

Yr enw a roddwn i'r ardal hon yw 'Y Fro Gymraeg'. Er bod canran y siaradwyr Cymraeg sy'n byw yn y Fro yn gostwng o gyfrifiad i gyfrifiad [o 90% yn 1901 i 50% yn 1991], mae modd diffinio'r Fro Gymraeg fel ardal sy'n ymestyn dros ran fawr o diriogaeth Cymru. Yn sgil cyfrifiad 1951, fodd bynnag, daeth yn amlwg bod y rhanbarth daearyddol hwn yn dechrau cael ei dorri i fyny yn gyfres o 'lynnoedd' neu 'ynysoedd' ar wahân ac mae'n anodd meddwl amdani bellach fel ardal unffurf o ran iaith. Yn 1961 roedd Cymry Cymraeg yn fwyafrif dros 57% o ddaear y wlad. Erbyn 1981, roedd y ganran hon wedi gostwng i 47%. Yn 1961 roedd 279 o gymunedau lle roedd 80% o'r bobl yn siarad Cymraeg. Erbyn 1981 roedd y nifer wedi gostwng i 66 ac yn 1991 nifer y wardiau yn y dosbarth hwn oedd 32.

Newyddion da Cyfrifiad 1991 i'r iaith, fodd bynnag, oedd bod nifer y siaradwyr ifainc yn codi. Nawr mae

Yr Iaith Gymraeg yn 1991

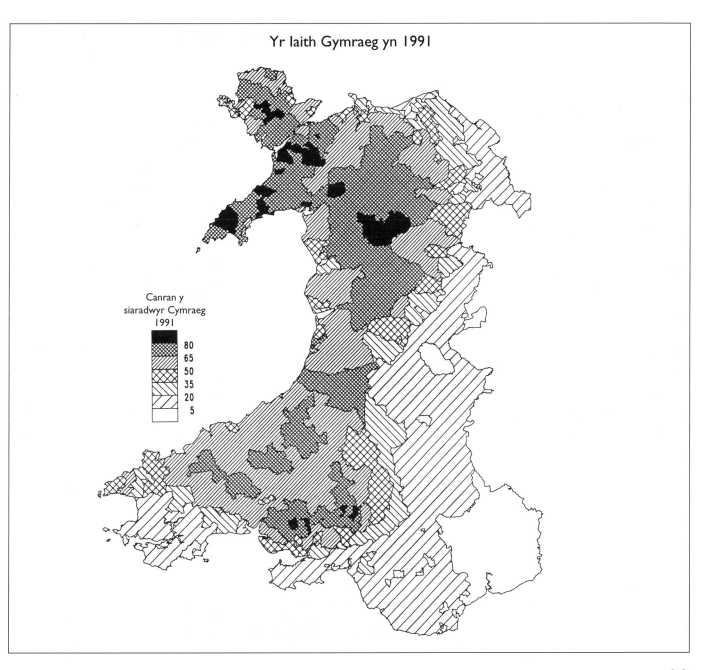

Canran y
siaradwyr Cymraeg
1991

80
65
50
35
20
5

GEIRFA

mewnfudo	immigration, to immigrate
gwanhau	to weaken
trafferth	trouble
diwylliannol	cultural
y cyfryngau	the media
mynnu eu hawliau	to insist on their rights
Cynulliad	Assembly
diffyg gwaith	lack of work
diwylliant	culture
gwrthdaro	clash, to clash
trobwynt	turning point
dirywio	to decline
yng ngweddill Cymru	in the rest of Wales
gwneud iawn am	to make up for

22% o siaradwyr Cymraeg o dan 15 oed, o'u cymharu â 21.7% o'r rheiny dros 65 oed. Rhwng 1981 a 1991 cododd nifer y siaradwyr ifainc o 22.8%. Yng Ngwent, Morgannwg Ganol a De Morgannwg roedd 30% o'r siaradwyr Cymraeg o dan 15 oed.

Er bod mewnfudo wedi gwanhau'r iaith mewn rhai ardaloedd, mae'n ddiddorol sylwi bod bron 10% o siaradwyr Cymraeg (48,919) wedi eu geni y tu allan i Gymru. Mae hyn yn dangos bod llawer o bobl sy'n dewis dod yma i fyw yn mynd i'r drafferth i ddysgu Cymraeg. Mae hefyd yn dangos sut mae dulliau dysgu'r iaith wedi gwella.

Wrth i Gaerdydd ddatblygu fel prifddinas a dod yn ganolfan weinyddol, addysgol a diwylliannol, tyfodd nifer y Cymry Cymraeg o 9,623 yn 1951 i 17,236 erbyn 1991. Daethon nhw o rannau eraill o Gymru i weithio yn y cyfryngau, ym myd addysg ac mewn gweinyddiaeth. Pobl ddosbarth canol addysgedig mewn swyddi diogel oedd y rhain, yn barod i fynnu eu hawliau. Doedd hi ddim yn ddamwain mai yng Nghaerdydd y sefydlwyd y papur bro cyntaf yng Nghymru ac yno hefyd y ganed y

syniad o greu Mudiad Ysgolion Meithrin.

Yn ddiamau, bydd bywyd Cymraeg Caerdydd yn cryfhau wrth i'r Cynulliad ddatblygu ac wrth i'r ddinas dyfu'n brifddinas yng ngwir ystyr y gair.

Mae gan yr ardaloedd cefn gwlad eu problemau. Oherwydd diffyg gwaith bydd pobl ifainc yn symud i ffwrdd a mewnfudwyr yn cael eu denu i gymryd eu lle gan dai rhad a'r wlad brydferth. Wrth i rai o'r rhain fethu â sylweddoli eu bod yn byw mewn gwlad ac iddi iaith a diwylliant gwahanol, bu gwrthdaro o dro i dro yn y gorffennol, yn enwedig ym maes addysg.

Er bod dyfodol yr iaith yn ansicr, mae arbenigwyr o'r farn y bydd Cyfrifiad 2001 yn drobwynt yn ei hanes. Er eu bod yn meddwl y bydd y sefyllfa'n dirywio yn y Fro Gymraeg, maen nhw'n credu y bydd yr enillion yng ngweddill Cymru yn fwy na gwneud iawn am hynny.

Saunders Lewis a 'Tynged yr Iaith'

Pam roedd darlith radio Saunders Lewis, 'Tynged yr Iaith', yn ddigwyddiad mor bwysig yn hanes y Gymraeg?

Yng nghanol y pumdegau roedd dinas Lerpwl am gael rhagor o ddŵr ar gyfer diwydiant. Ar ôl edrych ar nifer o bosibiliadau, fe benderfynon nhw mai'r ffordd orau o wneud hyn oedd boddi Cwm Tryweryn yn ymyl tref y Bala yn Sir Feirionnydd. Yr unig bentref yn y cwm oedd Capel Celyn, pentref hollol Gymraeg ei iaith ac ynddo ychydig o dai, swyddfa bost, capel ac ysgol. Bu protestio mawr yn erbyn bwriad Lerpwl ac roedd holl aelodau seneddol Cymru, ond un, wedi pleidleisio yn erbyn y cynllun yn y Senedd. Er gwaethaf y protestio ac ymdrechion i rwystro'r gwaith trwy osod ffrwydron, aeth y cwm o dan y dŵr yn 1963.

Roedd llawer yn poeni am gyflwr y Gymraeg ar y pryd ac fe dyfodd Tryweryn yn symbol o'r perygl oedd yn wynebu'r ardaloedd Cymraeg eu hiaith. I lawer o bobl roedd dulliau democrataidd o amddiffyn Cymru wedi methu ac roedd ymdrechion Plaid Cymru, y blaid a oedd wedi protestio fwyaf yn erbyn y weithred, wedi bod yn ofer.

Roedd ysbryd y wlad yn isel iawn ddechrau 1962 a chanlyniadau'r Cyfrifiad ar fin cael eu cyhoeddi. Dyna pryd y cafodd Saunders Lewis wahoddiad i draddodi darlith Gŵyl Ddewi'r BBC.

Yn ôl llawer, Saunders Lewis oedd Cymro mwyaf ei gyfnod. Cafodd ei eni a'i addysgu yn ardal Lerpwl, yn fab i weinidog. Ar ôl gwasanaethu fel swyddog yn y fyddin yn ystod y Rhyfel Byd Cyntaf, graddiodd mewn Saesneg ym Mhrifysgol Lerpwl a chael ei benodi'n ddarlithydd Cymraeg yng Ngholeg y Brifysgol, Abertawe. Yn 1925 roedd yn un o'r grŵp a sefydlodd Blaid Genedlaethol Cymru [Plaid Cymru, yn ddiweddarach] ac yn 1936 cafodd ei garcharu am ei ran yn llosgi'r Ysgol Fomio yn Llŷn. Collodd ei swydd yn Abertawe a than 1952 bu'n ennill rhyw fath o fywoliaeth trwy ysgrifennu, ffermio a dysgu. Yn y flwyddyn honno, cafodd ei benodi'n ddarlithydd yng Ngholeg y Brifysgol, Caerdydd, ac yno y bu nes iddo ymddeol yn 1957.

Yn ogystal â bod yn wleidydd amlwg, roedd Saunders Lewis wedi gwneud enw iddo'i hun fel dramodydd, nofelydd, bardd, newyddiadurwr a beirniad llenyddol. Roedd yn ddyn uchel ei barch, hyd yn oed ymhlith rhai nad oedd yn

GEIRFA

tynged	fate
darlith	lecture
diwydiant	industry
cynllun	plan
Senedd	Parliament
ymdrech(ion)	effort(s)
ffrwydron	explosives
amddiffyn	to defend
ofer	futile
canlyniad(au)	result(s)
traddodi darlith	to deliver a lecture
cyfnod	a period of time; an era
swyddog	officer
byddin	army
darlithydd	lecturer
Ysgol Fomio	RAF Training Establishment burnt in protest by three leading members of Plaid Cymru, Saunders Lewis, Lewis Valentine and D.J. Williams, on 8 September 1936
bywoliaeth	living, livelihood
gwleidydd	politician
newyddiadurwr	journalist
uchel ei barch	highly respected

GEIRFA

arwrol	*heroic*
Cyngor Gwledig	*Rural Council*
chwyldro	*revolution*
chwyldroadol	*revolutionary*
cyfuno	*to combine*

cytuno â'i syniadau gwleidyddol. Felly, pan gafodd y gwahoddiad i draddodi'r ddarlith Gŵyl Ddewi flynyddol a dewis 'Tynged yr Iaith' yn destun, roedd pobl yn awyddus i wrando.

Prif neges Saunders Lewis y noson honno, 13 Chwefror 1962, oedd bod rhaid ei gwneud hi'n amhosibl i lywodraeth ganolog a lleol weithredu heb y Gymraeg. Fel esiampl o hyn, nododd frwydr arwrol teulu Trefor ac Eileen Beasley, Llangennech, yn erbyn Cyngor Gwledig Llanelli i gael papurau treth yn yr iaith Gymraeg. I weithredu polisi o'r fath, meddai, roedd rhaid wrth chwyldro a mudiad a fyddai'n defnyddio dulliau chwyldroadol. Y mudiad a oedd ganddo mewn golwg oedd Plaid Cymru, ond yn ôl barn llywydd y blaid honno, Gwynfor Evans, nid oedd yn bosib cyfuno bod yn blaid

wleidyddol a rhoi'r holl sylw i un achos, sef y Gymraeg. Fodd bynnag, o ganlyniad i'r ddarlith, daeth nifer o bobl ifainc ynghyd yn ystod haf 1962 a sefydlu un o fudiadau pwysicaf yr ugeinfed ganrif o safbwynt yr iaith, sef Cymdeithas yr Iaith Gymraeg.

Saunders Lewis

Cymdeithas yr Iaith

Sut cafodd Cymdeithas yr Iaith Gymraeg ei sefydlu a beth mae hi wedi ei gyflawni hyd yma?

Ar 13 Chwefror 1962, traddododd Saunders Lewis ddarlith flynyddol Gŵyl Ddewi y BBC gan ddewis yn bwnc, 'Tynged yr Iaith'. Fel y nodwyd yn y bennod ddiwethaf dadleuodd fod rhaid defnyddio'r iaith Gymraeg yn arf gwleidyddol gan ddefnyddio dulliau chwyldroadol. Dywedodd fod angen mudiad i wneud hyn ac y dylai'r mudiad hwnnw ganolbwyntio ar yr ardaloedd hynny lle roedd y Gymraeg yn iaith bob dydd. Y mudiad oedd ganddo mewn golwg oedd Plaid Cymru. Ond gan nad oedd y blaid honno yn gallu rhoi ei holl sylw i'r Gymraeg, penderfynodd nifer o aelodau ifainc sefydlu Cymdeithas yr Iaith Gymraeg. Digwyddodd hynny yn haf 1962.

Myfyrwyr prifysgol oedd y mwyafrif o'r aelodau a'r ymgyrch gyntaf oedd ceisio cael gwysiau Cymraeg. Yn Chwefror 1963 bu protestio yn Aberystwyth pan eisteddodd ymgyrchwyr ar y ffordd fawr ger Pont Trefechan ac atal y traffig. Cafodd y brotest sylw mawr yn y cyfryngau ac ar ôl ennill gwysiau Cymraeg, trodd y Gymdeithas ei sylw at faterion eraill fel iaith Swyddfa'r Post, trwyddedau ceir ac arwyddion ffyrdd. Roedd y chwedegau'n gyfnod o brotestio gan fyfyrwyr ledled Ewrop a'r Unol Daleithiau, ond mater yr iaith gafodd y prif sylw yng Nghymru.

Bu achosion llys niferus yn erbyn aelodau'r Gymdeithas a chafodd llawer ohonynt eu carcharu. Er taw pobl ifainc oedd mwyafrif yr ymgyrchwyr, cawsant gefnogaeth gan nifer o ddeallusion fel Saunders Lewis ei hun, yr athronydd J.R. Jones a'r newyddiadurwr craff Alwyn D. Rees. Ar un achlysur, cyfrannodd ynadon hedd arian i dalu dirwy er mwyn rhyddhau un o arweinwyr y Gymdeithas o'r carchar.

Erbyn y saithdegau, yr ymgyrch i ennill sianel deledu Gymraeg oedd prif gonsárn Cymdeithas yr Iaith. Unwaith eto, ymosodwyd ar eiddo'r BBC a theledu annibynnol ac unwaith eto cafwyd cefnogaeth nifer o Gymry amlwg hŷn. Roedd y Gymdeithas yn sylweddoli fodd bynnag fod llawer o ffactorau'n tanseilio'r Gymraeg a dechreuwyd ymgyrchu mewn meysydd eraill megis addysg, cynllunio, yr economi a sefydlu cymdeithasau tai. Protestiwyd yn erbyn tai haf gan feddiannu llawer ohonynt a chefnogwyd rhieni Bryncroes yn Llŷn pan fygythiodd yr awdurdod addysg

GEIRFA	
cyflawni	to achieve
traddodi darlith	to deliver a lecture
Tynged yr Iaith	The Fate of the Language
arf gwleidyddol	political weapon
ymgyrch	campaign
gwys(iau)	summons(es)
trwydded car (trwyddedau car)	car licence(s)
yr Unol Daleithiau	the United States
achos(ion) llys	court case(s)
carcharu	to imprison
er taw/er mai	although
ymgyrchwr(wyr)	campaigner(s)
deallusion	intellectuals
athronydd	philosopher
newyddiadurwr craff	astute journalist
ynad(on) hedd	justice(s) of the peace
dirwy	fine
prif gonsárn	main concern
amlwg	prominent
hŷn	older, senior
tanseilio	to undermine
cynllunio	to plan, planning

gau'r ysgol leol.

Ymgyrch arall a gafodd lawer o gyhoeddusrwydd ac a enynnodd lid y cyhoedd oedd y brotest yn erbyn arwisgo Tywysog Cymru yng Nghastell Caernarfon yn 1969. Er bod rhai mudiadau wedi ceisio defnyddio trais i atal yr arwisgo, glynodd y Gymdeithas wrth ddulliau di-drais. Yn wir, dyna'r dulliau a ddefnyddiodd o'r dechrau ac ennill llawer o barch am lynu'n gyson wrth y dulliau hynny.

Mudiad pobl ifainc oedd Cymdeithas yr Iaith yn y bôn a bu'n gyfrwng i esgor ar nifer o ddatblygiadau diddorol megis y diwydiant recordiau pop, addysg drwy'r Gymraeg a siopau llyfrau Cymraeg. Erbyn heddiw mae'r Gymraeg i'w gweld ymhobman, ar arwyddion ffyrdd, yn y wasg, mewn hysbysebion ac ar y teledu. Mae rhai cynghorau sir yn gweithredu polisi hollol ddwyieithog ac mae'r llywodraeth wedi sefydlu Bwrdd yr Iaith Gymraeg i gynghori'r Ysgrifennydd Gwladol, a'r Cynulliad erbyn hyn, ar faterion yn ymwneud â'r iaith. Ar drothwy'r milrif newydd, y gobaith yw y bydd y Cynulliad Cenedlaethol newydd yn gweithredu'n gwbl ddwyieithog. Mae'n anodd derbyn y byddai hyn oll wedi digwydd oni bai am bwyso penderfynol Cymdeithas yr Iaith ac aberth ei haelodau ifainc.

Y brotest ar Bont Trefechan, Aberystwyth, yn 1963

Enwau Personol

Pam mae rhai pobl yn defnyddio ap/ab yng nghanol eu henwau?

Yn ddiweddar mae mwy o Gymry wedi mynd yn ôl at yr hen ddull o enwi plant. Yr arfer yn yr hen amser oedd bod plant yn cymryd enw'r tad. Felly, os oedd Owain, y tad, yn enwi'r mab yn Hywel, enw'r mab fyddai Hywel ab Owain. Mae 'ab' yn cyfateb i 'mac' yn Iwerddon a'r Alban a'i ystyr yw 'mab'. I ddechrau, Hywel fab Owain fyddai'r ffurf, ond gan fod 'f' yn tueddu i ddiflannu yn y Gymraeg, fe drodd yn 'ab'. Rydych wedi sylwi bod yr 'f' yn diflannu wrth ddefnyddio'r gair 'fy' o flaen enw – Ble mae 'y nhad?

I ddechrau, roedden nhw'n defnyddio 'vch', sef talfyriad o 'verch' (ferch) wrth gyfeirio at ferched, ond gydag amser roedd 'ab/ap' yn cael ei ddefnyddio ar gyfer merched a meibion fel ei gilydd. Dyma drefn enwi pobl hyd at y Deddfau Uno ond yn raddol dechreuon nhw fabwysiadu dull y Saeson o ddefnyddio un cyfenw. Dyna sut yr aeth yr enw bedydd David yn Davies, John yn Jones a Huw yn Hughes. Digwyddodd hyn yn yr unfed ganrif ar bymtheg yn achos pobl a symudodd o Gymru i Loegr. Yn wir, mae rhai yn dweud mai banerydd yn llys Harri VIII o'r enw Wiliam ap John Thomas oedd y cyntaf i wneud hyn pan newidiodd ei enw yn William Jones. Beth bynnag am hynny, daeth yn ffasiwn yng Nghymru yn yr ail ganrif ar bymtheg ac erbyn y ddeunawfed ganrif ychydig iawn o bobl oedd yn defnyddio'r hen ddull.

Yr arfer oedd defnyddio 'ab' o flaen llafariad – Dafydd ab Edmwnd – ac 'ap' o flaen cytsain – Dafydd ap Gwilym. Yn aml, wrth droi at y dull Seisnig o enwi cafodd 'ab/ap' eu corffori yn yr enw newydd. Felly aeth ab Owen ac ap Rhisiart yn Bowen a Pritchard ac ap Rhys ac ab Evan yn Price a Bevan. Mae'n sicr hefyd bod yr enwau Saesneg Upjohn ac Uprichard yn enghreifftiau o gadw 'ap' ar ddechrau enw.

Wrth greu enwau newydd roedd y Cymry weithiau yn defnyddio dulliau eraill. Un dull oedd cymryd enw plas neu stad y teulu gan greu enwau fel Mostyn a Pennant, neu hyd yn oed enw tref, pentref neu ardal. Dyna pam mae cyfenwau fel Powys (Powis), Gower a Lougher yn eithaf cyffredin erbyn hyn.

Dull arall oedd defnyddio gair oedd yn disgrifio'r person. O 'gwyn' y daeth y cyfenwau Gwyn, Gwynn, Gwynne, Wyn, Wynn a Wynne; Lloyd a Floyd o 'llwyd' a Gooch, Gough a

GEIRFA

crefft	*craft*
enw(au) anwes	*pet name(s)*
poblogaidd	*popular*
llythyren	*letter (of the alphabet)*
perchenogaeth	*possession*

Goff o 'coch'. Mae'r enw Vaughan yn tarddu o 'fychan' (bach), Dee o 'du', Voyle o 'moel' a cheir Annwyl (neu Anwyl), Landeg (golygus) a Tew/Dew yn gyfenwau mewn gwahanol rannau o Gymru hyd heddiw.

Weithiau byddai teulu yn mabwysiadu enw crefft y tad ac mae'r cyfenw Saer yn enghraifft dda o hyn. Dosbarth arall diddorol yw'r enwau anwes sydd wedi rhoi inni gyfenwau. Rydyn ni i gyd yn gyfarwydd â chlywed Ifan yn troi'n Ianto a Griffith yn troi'n Guto ond pan oedd Iorwerth a Maredudd yn enwau poblogaidd bydden nhw hefyd yn troi'n Iolo a Bedo. O ganlyniad, mae gennym heddiw gyfenwau fel Beddoe, Beddow a Beddoes [o Bedo] a Gittins a Gittings [o Guto].

Mae llawer iawn o gyfenwau Cymreig modern yn gorffen â'r llythyren 's' – Richards, Edwards, Evans, Roberts. Yr un 's' yw hon ag a ddefnyddir yn Saesneg i ddangos perchenogaeth – *John's family* – a'r un oedd ei swyddogaeth i ddechrau gyda'r cyfenwau. Ystyr Evans yw 'teulu Ifan' ac mae Davies yn golygu 'teulu David neu Dafydd'.

Fel y gwelwch chi, felly, mae llawer o'n hanes yn ein henwau ac wrth ddefnyddio 'ap' heddiw dydy pobl ond yn mynd yn ôl at y dull o enwi yr oedd pob Cymro yn ei ddefnyddio'n wreiddiol.

S, Cambrian St,Aberystwyth ....
W, Penlon,Llanfarian ....
ANTWIS E, Goitr Fach,Llancynfelin......
ANWYL E.V, 3 Ffordd Cadfan,Tywyn...
   E.W, Rhos Goch Cott,Staylittle,
                Llanbrynmair.
   G, 34 Ffordd Dyfrig,Tywyn ....
   G.A & S.G,
          10 Chapel Flds,Llandinam.
   Hywel, Tyddyn,Llanbrynmair ....
   J, Bryn Heulog,Llanbrynmair...........
   M.E, 15 Bodlondeb,Llangurig Rd,
                Llanidloes.
   R.H.C, Bettws Cwrt,Pennal............
   Dr W.E,
      Greenfield,Cynghordy,Llandovery.
AP DAFYDD Alun,
       26 Brynglas Av,Newtown.
AP DEWI Ian, Golygfa,Llangranog.......
AP GWILYM Rev Gwynn,
      Rectory,Mallwyd,Machynlleth.
AP GWYNEDD Y Parchg Aled,
          Min-yr-awel,Tegryn.
AP GWYNN I, Garreg Wen,Talybont...
AP HARRI R, Gwylfa,Ynyslas.............
AP IORWERTH Rev G,
         The Rectory,Pennal.
AP LLWYD P,
      17 Trefaenor,Comins Coch
AP STEFFAN R, Moel Siabod,Heol Gw
           Llangadog
APECHIS M,
    Gorwel,Bettws Evan,Beulah
APEDAILE Colin,
     9 Pontwillim Est,Brecon

Rhan o'r llyfr ffôn

Tafodieithoedd

Oes llawer o dafodieithoedd i'w cael yn y Gymraeg?

Tafodiaith yw'r iaith lafar sy'n perthyn i ranbarth neu ardal arbennig neu sy'n cael ei siarad gan ddosbarth cymdeithasol neilltuol. Mae gan bob tafodiaith ei geiriau, ei gramadeg a'i hynganiad ei hun. Oherwydd hyn, mae gennym syniad da o ble mae person yn dod wrth wrando ar ei iaith. Fodd bynnag, oherwydd dylanwad radio a theledu a'r ffaith fod pobl yn llawer mwy symudol nag y buon nhw, mae'r gwahaniaeth rhwng y tafodieithoedd yn lleihau. Ar yr un pryd, mae tafodieithoedd newydd yn datblygu, er enghraifft, iaith disgyblion yr Ysgolion Cymraeg.

Mae nifer o dafodieithoedd yn y Gymraeg, ond y prif wahaniaeth yw hwnnw rhwng y de a'r gogledd. Rydym yn gwybod am rai amrywiadau yn yr eirfa:

De	Gogledd
tad-cu	taid
nawr	rŵan
lan	i fyny
cadno	llwynog

Mae'r ddau ranbarth yn ynganu'r sain 'u' yn wahanol ac weithiau mae gwahaniaethau yn y gramadeg. Bydd y deheuwr yn dynodi meddiant drwy ddefnyddio 'gyda' neu ''da' tra bo'r gogleddwr yn defnyddio ffurfiau 'gan'. Defnyddir ffurfiau 'ddaru + i' yn y gogledd i ddynodi'r gorffennol – *Ddaru (iddo) fo fynd ddoe.*

Fodd bynnag, fe fyddai'n rhy syml i ddweud mai dwy dafodiaith, sef iaith y de ac iaith y gogledd, sydd yng Nghymru oherwydd bod gwahaniaethau rhwng rhanbarthau eraill a'i gilydd. Bydd y ddeusain 'oe' yn troi'n 'we' yn sir Benfro a rhannau o Geredigion ac 'Oes, oes' yn troi'n 'Wes, wes', 'oer' yn troi'n 'wer' ac 'oen' yn troi'n 'wen'. Yn y de-ddwyrain ac mewn rhannau o'r canolbarth bydd 'a' hir yn troi'n 'e' – tân > tên; cân > cên a mân > mên.

Mae arbenigwyr yn cydnabod chwe phrif ranbarth ieithyddol sef y gogledd, y canolbarth a'r de a'r tri wedi eu rhannu'n ddau yn ddwyrain a gorllewin. Weithiau mae sylwi ar y gair mae siaradwr yn ei ddefnyddio yn gallu dweud wrthoch chi o ble mae e neu hi'n dod. Cymerwch y gwahanol eiriau am 'sweets', er enghraifft. Os bydd y siaradwr yn defnyddio 'da-da' neu 'pethau da', gallwch fod yn weddol siŵr ei fod yn dod o'r gogledd-orllewin. Mae'r sawl sy'n defnyddio 'fferins' yn debygol o

GEIRFA	
tafodiaith (tafodieithoedd)	dialect(s)
iaith lafar	spoken language
dosbarth cymdeithasol neilltuol	a particular social class
ynganiad	pronunciation
dylanwad	influence
symudol	mobile
datblygu	to develop
amrywiad(au)	variation(s)
ynganu	to pronounce
gramadeg	grammar
deheuwr	southerner
dynodi	to denote
meddiant	possession
arbenigwr(wyr)	expert(s)
cydnabod	to acknowledge
canolbarth	mid-Wales

ddod o'r gogledd-ddwyrain a 'taffish' o orllewin Morgannwg a dwyrain Caerfyrddin. Mae 'cacen' yn cael ei ddefnyddio yn sir Drefaldwyn, 'candi(s)' yn ne Ceredigion a 'cisys' yn y dyffrynnoedd i'r dwyrain o Aberystwyth. Yn nrama Bernard Shaw, *Pygmalion*, roedd yr Athro Henry Higgins yn honni ei fod yn gallu dweud o ble roedd person yn dod o fewn chwe milltir ac yn Llundain, o fewn dwy stryd! Am y rhesymau a nodwyd yn barod, dydy hynny ddim mor hawdd erbyn hyn ond mae'n ddiddorol ceisio dyfalu wrth wrando ar y geiriau a'r patrymau iaith a'r ffordd y maen nhw wedi eu hynganu.

Yr iaith lafar ydy sylfaen pob iaith er bod rhai'n meddwl bod yr iaith ysgrifenedig 'yn fwy cywir' neu hyd yn oed 'yn well'. Rhaid cofio, fodd bynnag, fod rhai hen ffurfiau wedi aros yn yr iaith lafar. Ym Morgannwg, er enghraifft, mae pobl yn dal i ddweud 'acha' (ar) – fel yn, 'acha beic; acha dydd Iau' – a'r ffurf yn dod o Gymraeg Canol, 'ar uchaf'. Yn yr un modd, daw 'whilia' (siarad, sgwrsio) o 'chwedleua' mewn Cymraeg Canol. Felly, gwrandewch yn ofalus iawn ar bobl yn siarad yn naturiol. Fe glywch rai pethau diddorol iawn!

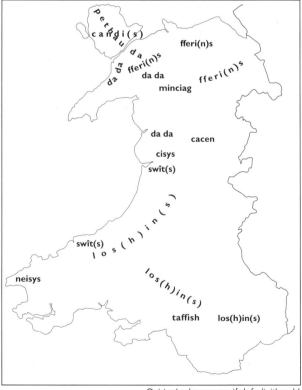

Geiriau'n dangos y prif dafodieithoedd

Addysg Ysgol Trwy'r Gymraeg

Oes llawer o ysgolion yn dysgu trwy gyfrwng y Gymraeg yng Nghymru?

Er bod ysgolion cynradd yn yr ardaloedd Cymraeg yn dysgu trwy gyfrwng yr iaith cyn bod sôn am sefydlu ysgolion Cymraeg swyddogol, Saesneg, fel arfer, oedd iaith yr ystafell ddosbarth ymhobman arall.

Cafodd yr Ysgol Gymraeg swyddogol gyntaf ei hagor yn Aberystwyth yn 1939. Ysgol breifat oedd honno a gafodd ei sefydlu oherwydd y problemau a gododd pan gafodd *evacuees* eu symud o Loegr i Gymru ar ddechrau'r Ail Ryfel Byd. Achosodd hyn ddwy broblem. Yn gyntaf, roedd llawer gormod o blant yn yr ysgol leol ac, yn ail, roedd llawer mwy o Saesneg i'w glywed o gwmpas yr ysgol. O ganlyniad, penderfynodd nifer fach o rieni, o dan arweiniad Syr Ifan ab Owen Edwards, sylfaenydd Urdd Gobaith Cymru, y bydden nhw'n sefydlu ysgol breifat a honno'n ysgol hollol Gymraeg. Roedd y fenter yn llwyddiannus iawn ac o ganlyniad dechreuodd rhieni mewn ardaloedd eraill ofyn i'r awdurdodau addysg sefydlu ysgolion tebyg.

Yr awdurdod cyntaf i wneud hyn oedd sir Gaerfyrddin a agorodd Ysgol Dewi Sant, Llanelli, yn 1947. Dilynodd siroedd eraill, yn arbennig sir Fflint a sir Forgannwg. I ddechrau, plant o gartrefi Cymraeg yn unig oedd yn mynd i'r ysgolion hyn ac fel arfer, roedd y niferoedd yn fach iawn. Er enghraifft, 12 o blant oedd yn Ysgol Feithrin Maesteg yn 1947 ac 8 yn yr Wyddgrug yn 1949. Ond wrth iddynt lwyddo'n addysgol, dechreuodd rhieni di-Gymraeg ofyn am ganiatâd i anfon eu plant iddynt ac o ganlyniad fe dyfon nhw'n gyflym. Erbyn 1964 roedd 256 o blant yn Ysgol Maesteg a 128 yn yr Wyddgrug. Erbyn canol y saithdegau, roedd 61 o ysgolion Cymraeg swyddogol yng Nghymru a rhyw 8,500 o blant yn eu mynychu.

Mae dylanwad rhieni wedi bod yn bwysig iawn yn natblygiad yr ysgolion Cymraeg. Fel arfer, oherwydd pwyso rhieni y maen nhw wedi eu sefydlu yn y lle cyntaf a dyna pam mae'r ddarpariaeth yn amrywio o ardal i ardal. Weithiau, bu protestio ffyrnig iawn yn erbyn yr awdurdod addysg. Er enghraifft, meddiannodd rhieni ardal Pontypridd Ysgol Pont Siôn Norton am rai wythnosau ar ddechrau'r wythdegau pan benderfynodd awdurdod addysg Morgannwg

GEIRFA	
ysgolion cynradd	primary schools
trwy gyfrwng	through the medium of
arweiniad	leadership
sylfaenydd	founder
menter	venture
awdurdod(au) addysg	education authority(ies)
caniatâd	permission
dylanwad	influence
pwyso	to pressurise
darpariaeth	provision
amrywio	to vary
ffyrnig	fierce
meddiannu	to take over

GEIRFA

Mudiad Ysgolion Meithrin	Welsh Nursery Schools Movement
twf	growth
cylch(oedd) meithrin	nursery group(s)
cylch(oedd) Ti a Fi	mother and toddler group(s)

Ganol agor unedau Cymraeg yn lle ysgolion yn yr ardal.

Cafodd yr Ysgolion Cymraeg hwb sylweddol ymlaen yn 1971 pan benderfynodd grŵp o rieni sefydlu Mudiad Ysgolion Meithrin. Ar y pryd roedd 68 o grwpiau annibynnol ledled Cymru ond ar ôl sefydlu mudiad cenedlaethol, gwelwyd twf sylweddol. Erbyn 1998 roedd MYM yn cynnal 575 o gylchoedd meithrin ac ynddynt 9,232 plentyn a 402 o gylchoedd 'Ti a Fi' (ar gyfer plant hyd at 2½ oed) gyda 4,449 o blant yn eu mynychu. Yn naturiol, yn sgil y twf hwn, bu mwy o alw am addysg Gymraeg.

Mae dylanwad yr ysgolion Cymraeg wedi bod yn fawr iawn. Yng Nghaerdydd, er enghraifft,

Perfformiad o sioe gerdd yn Ysgol Gyfun Llanhari, un o ysgolion dwyieithog llwyddiannus Morgannwg

agorodd yr ysgol gyntaf yn 1949 ac ynddi ond 18 o ddisgyblion. Erbyn Ebrill 1998 roedd 8 o ysgolion cynradd wedi eu sefydlu ac ynddynt 1,965 o blant. Pan agorodd dwy ysgol Gymraeg Cwm Rhondda yn 1950, 49 o blant yn unig oedd yn derbyn addysg trwy gyfrwng y Gymraeg. Y nifer ym mis Medi 1998 yn yr un ardal oedd 2,084. Erbyn hynny, roedd nifer yr ysgolion cynradd wedi codi o 2 i 5 a bellach mae yno ysgol uwchradd yn ogystal ac ynddi 782 o ddisgyblion. Dyma enghreifftiau o ddwy ardal sydd yn dangos effaith addysg ar yr iaith. Trwy Gymru gyfan yn 1996-7, roedd 449 (26.7%) o'r ysgolion cynradd yn dysgu trwy gyfrwng y Gymraeg a 68 (29.7%) o ysgolion uwchradd yn dysgu'r Gymraeg fel iaith gyntaf.

Mae llawer o gwestiynau diddorol yn codi yn sgil llwyddiant yr ysgolion hyn. Fydd y plant yn cael cyfle i ddefnyddio'r Gymraeg y tu allan i'r ysgol? Pa fath o Gymraeg byddan nhw'n ei siarad? Beth bynnag fydd yr ateb i'r cwestiynau hyn, mae bodolaeth pobl ifainc sy'n gallu siarad yr iaith yn hanfodol i ddyfodol y Gymraeg. Heb siaradwyr ifainc, does dim dyfodol. Mae canran y siaradwyr Cymraeg rhwng 3 – 15 oed wedi codi ym mhob sir yng

Nghymru rhwng 1981 a 1991 ac erbyn hyn mae 22.3% o siaradwyr yr iaith yn perthyn i'r grŵp hwn.

Mae llwyddiant yr ysgolion hyn hefyd wedi dylanwadu ar awdurdodau'r ardaloedd traddodiadol Gymraeg i gryfhau eu polisïau. Cymraeg yw iaith swyddogol y rhan fwyaf o ysgolion siroedd Gwynedd. Clustnododd hen awdurdod Dyfed lawer o'i ysgolion yn rhai Categori A, a'r Gymraeg yn brif iaith iddynt, ac mae trefniant tebyg yn ardaloedd Cymraeg Powys a Gorllewin Morgannwg. Yn ddiamau, bu cyfraniad addysg i'r frwydr i gadw'r iaith yn sylweddol iawn.

GEIRFA

disgybl(ion)	pupil(s)
llwyddiant	success
bodolaeth	existence
hanfodol	essential
dyfodol	future
cryfhau	to strengthen
clustnodi	to earmark
yn ddiamau	without a doubt
cyfraniad	contribution

Yr Eisteddfod

GEIRFA

sefydliad(au)	institution(s)
Gŵyl Fawr Aberteifi	the Cardigan Eisteddfod
rhyngwladol	international
Yr Arglwydd Rhys	Lord Rhys ap Gruffydd (1132-97)
rhoi trefn ar	to arrange, to organise
pennu	to determine
Oesoedd Canol	Middle Ages
bywoliaeth	living, livelihood
nawdd	patronage
bonheddwr(wyr)	gentlemen, gentry
lliwgar	colourful
Gorsedd Beirdd Ynys Prydain	The Gorsedd of Bards
gŵn (gynau)	gown(s), robe(s)
ymgynnull	to gather (together)
archdderwydd	archdruid
llywyddu	to preside
maen llog	logan stone (the stone at the centre of the Gorsedd circle)
rhwystro	to prevent
cerdd dant	traditional singing to harp accompaniment

Beth sy'n digwydd mewn eisteddfod? Pa mor hir rydyn ni wedi bod yn cynnal eisteddfodau yng Nghymru?

Yr eisteddfod yw un o sefydliadau enwocaf Cymru. Bydd eisteddfodau'n cael eu cynnal yn flynyddol ledled y wlad, rhai yn eisteddfodau bach pentref ac eraill fel Gŵyl Fawr Aberteifi ac Eisteddfod Môn yn fwy o lawer. Ond y tair eisteddfod sy'n cael y sylw mwyaf gan y wasg, y radio a'r teledu yw'r Eisteddfod Genedlaethol, Eisteddfod yr Urdd ac Eisteddfod Ryngwladol Llangollen.

Mae'r arfer o gynnal eisteddfod yn hen iawn. Yn ôl traddodiad, cafodd yr eisteddfod gyntaf ei chynnal gan yr Arglwydd Rhys yn Aberteifi yn 1176. Bu eisteddfodau pwysig eraill yng Nghaerfyrddin yn 1451 ac yng Nghaerwys yng Nghlwyd yn 1523 a 1567. Pwrpas yr eisteddfodau hyn i ddechrau oedd rhoi trefn ar y beirdd gan bennu rheolau eu crefft a chynnal safonau. Gan fod beirdd yr Oesoedd Canol yn ennill eu bywoliaeth trwy ysgrifennu, roedd yn bwysig rheoli pwy oedd â'r hawl i fynd o blas i blas i ganu eu cerddi a derbyn nawdd gan fonheddwyr.

Erbyn diwedd yr unfed ganrif ar bymtheg roedd yr hen draddodiad barddol yn gwanhau wrth i'r bonheddwyr golli eu Cymraeg ond roedd beirdd yn dal i gyfarfod mewn tafarnau i ddadlau a chael hwyl wrth farddoni. Yn y ddeunawfed ganrif, sefydlodd y cymeriad lliwgar hwnnw, Iolo Morganwg [Edward Williams] Orsedd Beirdd Ynys Prydain y mae ei seremonïau, hyd heddiw, yn rhan bwysig o'r Eisteddfod Genedlaethol. Bydd y beirdd yn eu gynau gwyn, glas neu wyrdd yn ymgynnull o fewn meini'r orsedd a'r archdderwydd yn llywyddu dros y cwbl o'r maen llog.

Yn chwedegau'r ganrif ddiwethaf cafodd Cymdeithas yr Eisteddfod Genedlaethol ei ffurfio ac yn Aberdâr y cafodd yr Eisteddfod Genedlaethol gyntaf ei chynnal yn 1861. Yn ddiweddarach, bu problemau ariannol yn rhwystro twf yr Eisteddfod Genedlaethol ond o Eisteddfod Merthyr Tudful [1881] ymlaen cafodd yr Eisteddfod ei chynnal bob blwyddyn ar wahân i 1914 a 1940 oherwydd rhyfel.

Mae cystadlu yn elfen bwysig yng ngweithgareddau'r Eisteddfod. Ceir cystadlaethau canu unawdau, corau, adrodd, cerdd dant, dawnsio, ysgrifennu, actio dramâu a barddoni. Ond erbyn hyn mae llawer yn digwydd ar y maes y tu allan i'r pafiliwn lle y cynhelir y prif gystadlaethau a seremonïau. Mae dramâu a chyngerddau gyda'r nos ac mae digon o adloniant ar gael ar gyfer pobl ifainc gyda'u 'gigs' a'u canu roc. Mae'r maes ei hun yn fawr iawn ac yn frith o stondinau o bob math. Bydd colegau Cymru, cyhoeddwyr llyfrau, elusennau a'r enwadau crefyddol yno ynghyd â mudiadau fel Cymdeithas yr Iaith, Merched y Wawr a'r pleidiau gwleidyddol.

Yn ystod yr wythnos mae tair seremoni bwysig, sef coroni'r bardd, anrhydeddu'r prif lenor a chadeirio'r bardd. Yr Archdderwydd sy'n llywyddu'r seremonïau hyn ac mae aelodau'r Orsedd yn bresennol yn eu gwisgoedd lliwgar. Mae'r Eisteddfod Genedlaethol yn digwydd yn ystod wythnos lawn gyntaf mis Awst ac mae'n achlysur pwysig yng nghalendr y Cymry. Bydd hi'n ymweld â'r de a'r gogledd am yn ail gan roi cyfle i bobl gwrdd â'i gilydd a dod i adnabod rhannau eraill o'r wlad.

Gŵyl hollol Gymraeg yw'r Eisteddfod er 1952. Cyn hynny, roedd Saesneg yn cael ei defnyddio a bu rhai'n gwrthwynebu pan sefydlwyd y Rheol Gymraeg. Erbyn hyn, fodd bynnag, mae pobl yn gweld bod yr Eisteddfod yn sefydliad pwysig iawn yn y frwydr dros yr iaith. Tyfodd yn un o symbolau'r genedl fel y genhinen a'r Ddraig Goch a rhoddodd gyfle i gantorion, cerddorion, beirdd a llenorion i fwrw eu prentisiaeth. Ar yr un pryd rhoddodd gyfle i bobl Cymru weld a chlywed artistiaid proffesiynol o'r radd flaenaf.

Fel arfer, bydd dros 150,000 o bobl yn ymweld â'r Eisteddfod Genedlaethol, llawer yn aros yn y pentref carafannau ger y maes neu yn gwersylla yn ymyl. Bydd pob math o weithgareddau ymylol yn digwydd gyda'r nos a'r tafarnau o dan eu sang. Am wythnos gyfan caiff pawb gyfle i fyw mewn awyrgylch hollol Gymraeg a mwynhau wythnos yn sŵn yr iaith – hyd yn oed os bydd hi'n bwrw glaw!

Prysurdeb maes yr Eisteddfod Genedlaethol

GEIRFA

yn frith o stondinau	bespeckled with stalls
elusen(nau)	charity(ies)
enwad(au) crefyddol	religious denomination(s)
Merched y Wawr	a women's organisation akin to W.I.
anrhydeddu	to honour
am yn ail	alternating
gwrthwynebu	to oppose
cenhinen	leek
bwrw eu prentisiaeth	to serve their apprenticeship
o'r radd flaenaf	of the front rank; first rate
gwersylla	to camp
ymylol	fringe (adj.)
o dan eu sang	packed, crowded

43

Cyhoeddi Llyfrau Cymraeg

Faint o lyfrau sy'n cael eu cyhoeddi yn y Gymraeg heddiw?

Cafodd y llyfr Cymraeg cyntaf ei gyhoeddi yn 1547. Roedd gan y llyfr deitl od sef, *Yn y llyfr hwn*. Dyma, mewn gwirionedd, oedd geiriau agoriadol y llyfr a'r awdur oedd John Price o Aberhonddu. Llyfr crefyddol oedd hwn a'i nod oedd helpu pobl gyffredin i ddeall y ffydd Gristnogol. Fodd bynnag, roedd ynddo hefyd gynghorion i ffermwyr ar gyfer pob mis o'r flwyddyn a chynghorion sut i ddarllen Cymraeg. Ond llyfrau crefyddol, at ei gilydd, oedd y mwyafrif o'r rheiny a gafodd eu cyhoeddi yn yr ail ganrif ar bymtheg a'r ddeunawfed ganrif gan y gwahanol fudiadau addysgol gwirfoddol.

Y ganrif ddiwethaf oedd oes aur cyhoeddi llyfrau yng Nghymru. Y cyhoeddwr mwyaf adnabyddus, efallai, oedd y radical, Thomas Gee o Ddinbych. Rhwng 1854-79 cyhoeddodd ei wasg *Y Gwyddoniadur Cymreig* mewn 10 cyfrol a oedd yn cynnwys dros naw mil o dudalennau. Mae Gwasg Gee yn dal i gyhoeddi llyfrau hyd heddiw.

Cyfnod anodd iawn i gyhoeddi oedd blynyddoedd yr Ail Ryfel Byd ac erbyn 1952 roedd Adroddiad Ready a gafodd ei gomisiynu gan y llywodraeth yn rhybuddio bod angen mwy o lyfrau Cymraeg a mwy o amrywiaeth. Dywedodd yr adroddiad fod angen 'sefydlu Cronfa Lyfrau Cymraeg' i gynhyrchu llyfrau ar gyfer ysgolion a darllenwyr cyffredinol. Dyma'r tro cyntaf i unrhyw un sôn am y posibilrwydd o gael corff cenedlaethol i hyrwyddo cyhoeddi llyfrau Cymraeg. Roedd rhaid aros tan 1961, fodd bynnag, cyn sefydlu'r Cyngor Llyfrau Cymraeg ac yn y cyfamser bu Cymru'n dibynnu ar glybiau llyfrau, fel Cymdeithas Llyfrau Cymry Llundain a ddatblygodd yn Glwb Llyfrau cyffredinol yn ddiweddarach.

Cafodd y Cyngor Llyfrau ei sefydlu gyda chefnogaeth yr awdurdodau lleol a'i brif nod oedd sicrhau cyflenwad o lyfrau poblogaidd a hybu eu gwerthiant. I gyrraedd y nod hwn, dechreuodd dalu i awduron am eu gwaith a threfnu cystadlaethau i ddenu ysgrifenwyr newydd. Erbyn 1965 roedd gan y Cyngor drefnydd llawn-amser ac yn 1966 agorwyd y Ganolfan Llyfrau Cymraeg i hybu gwerthiant. Doedd nifer y llyfrau a gyhoeddwyd bob blwyddyn ddim yn uchel fel y mae'r tabl hwn yn ei ddangos:

65/66	66/67	67/68	68/69	69/70
41	35	38	44	46

Fodd bynnag, yn ystod y chwedegau, roedd y pwyslais ar wella diwyg llyfrau ac fe lwyddon nhw i wneud llawer er gwaethaf diffyg arian.

Gwellodd y sefyllfa ariannol yn raddol o tua 1970 ymlaen wrth i Gyngor y Celfyddydau, y llywodraeth ganolog a'r siroedd roi cymorth. Erbyn 1998 roedd y Cyngor Llyfrau yn derbyn tua £1,300,000 i hybu llyfrau.

O'r chwedegau ymlaen, cynyddodd nifer y siopau llyfrau Cymraeg yn fawr a hefyd cafodd nifer o weisg bywiog eu sefydlu. Wrth iddo ddatblygu, roedd y Cyngor Llyfrau yn gallu rhoi llawer mwy o help i awduron a mwy o gyhoeddusrwydd i lyfrau Cymraeg trwy drefnu cwisiau, gwyliau llyfrau, cystadlaethau a chylchoedd trafod ledled Cymru. Bellach, maen nhw hefyd yn trefnu arddangosfeydd mewn ffeiriau llyfrau rhyngwladol fel Llundain a Frankfurt. Bu ymdrech i wella diwyg llyfrau trwy sefydlu Adran Ddylunio ac wrth i'r farchnad ehangu, tyfodd gwaith y Ganolfan Ddosbarthu. Yn 1998, cafodd 619 o deitlau eu cyhoeddi yn y Gymraeg a

gwerthodd y Cyngor Llyfrau 663,601 o eitemau – gwerth dros £3,000,000. Derbyniodd 206 o lyfrau ac 11 o gylchgronau grantiau ac erbyn heddiw mae gwaith y Cyngor yn cael ei gefnogi gan 21 allan o'r 22 o awdurdodau lleol yng Nghymru. O'r hyn ydoedd yn y chwedegau mae sefyllfa cyhoeddi yng Nghymru wedi ei gweddnewid o ran nifer y llyfrau sydd ar gael, eu safon a'u diwyg.

Rhai o'r llyfrau Cymraeg deniadol a gyhoeddwyd yn ddiweddar gyda nawdd Cyngor Llyfrau Cymru

45

Radio

Faint o Gymraeg sydd i'w glywed ar y radio?

Cafodd yr orsaf radio gyntaf ei hagor yng Nghaerdydd ar 13 Chwefror 1923, yn un o wyth ym Mhrydain. Wrth gwrs, doedd dim set radio gyda llawer o bobl ar y pryd a Saesneg, fel arfer, oedd iaith y darlledu. Ambell waith, byddai eitem neu gân yn Gymraeg, ond dyna i gyd. Mewn gwirionedd, canolfan i dde Cymru a gorllewin Lloegr oedd Caerdydd ac nid oedd bwriad darparu gwasanaeth i Gymru gyfan. Yn wir, pan agorodd gorsaf Abertawe, o 1924 ymlaen, roedd yn derbyn y rhan fwyaf o'i rhaglenni o Daventry, yr orsaf oedd yn cynhyrchu rhaglenni ar gyfer gwledydd Prydain yn gyffredinol. Yn y cyfnod cynnar hwn, er gwaethaf protestio, gwasanaeth hollol Saesneg oedd gan y BBC yng Nghymru.

Tyfodd y protestio yn y tridegau wrth i ddeg o'r tri chyngor sir ar ddeg alw am well gwasanaeth i Gymru. Fodd bynnag, er i'r Alban gael ei gwasanaeth ei hun, dywedodd y BBC nad oedd yn bosib cynnig gwasanaeth tebyg i Gymru am fod y mynyddoedd yn rhwystro'r tonfeddi.

Yn 1935 agorodd y BBC stiwdio ym Mangor a dechreuodd ddarlledu mwy o raglenni Cymraeg ond doedd hyn ddim wrth fodd gwrandawyr gorllewin Lloegr. Roedd hyd yn oed rhaid i Syr John Reith, Cyfarwyddwr y BBC, a oedd hyd hynny wedi gwrthod ystyried trefniant cenedlaethol i Gymru, gyfaddef nad oedd y drefn oedd ohoni yn plesio neb ac yn 1937 dechreuodd Rhanbarth Cymru o'r BBC ddarlledu. Roedd brwydr bwysig wedi ei hennill.

Roedd radio yn ei hanterth adeg yr Ail Ryfel Byd a'r pumdegau gyda llenorion fel T. Rowland Hughes yn cynhyrchu rhaglenni difyr ac addysgol. Daeth y plant i edrych ymlaen at gyfresi fel *SOS Galw Gari Tryfan* a thyfodd rhaglenni adloniadol fel *Y Noson Lawen*, *Camgymeriadau* a *Teulu Tŷ Coch* yn boblogaidd iawn.

Erbyn 1953 roedd gan Gymru ei Chyngor Darlledu ei hun ac yn syth dechreuodd yr aelodau alw am fwy o raglenni Cymraeg. Roedd hyn yn anodd, oherwydd, fel ym maes teledu yn ddiweddarach, roedd dwy iaith yn rhannu'r un donfedd a gwrandawyr di-Gymraeg yn gwrthwynebu cael rhagor o raglenni mewn iaith nad oedden nhw'n ei deall. Daeth ateb i'r broblem yn y saithdegau gyda dyfodiad tonfeddi amledd uchel (VHF) pan benderfynodd y BBC ddarlledu rhaglenni Saesneg ar y donfedd ganol a rhai Cymraeg ar amledd uchel. O'r drefn hon yn 1979 y tyfodd Radio Wales a Radio Cymru ac y mae gan Gymru bellach wasanaeth cynhwysfawr yn y ddwy iaith.

Mae Radio Cymru'n darlledu am 18 awr bob dydd o'r wythnos gan gynnig rhaglenni o bob math. Mae ganddi wasanaeth newyddion cynhwysfawr gyda thîm o ohebwyr proffesiynol a rhwydwaith byd-eang o Gymry Cymraeg y gellir galw ar eu gwasanaeth yn ôl yr angen. Bu'r orsaf yn gefn i'r diwydiant recordiau Cymraeg, yn enwedig recordiau pop, a rhoddodd sylw eang i chwaraeon. Wrth iddi fentro i wahanol feysydd bu galw am dermau newydd i drafod pob math o ddiddordebau yn y Gymraeg. Cyflawnodd Radio Cymru ac S4C waith pwysig yn y maes hwn, nid yn unig trwy

fathu termau newydd ond hefyd trwy sicrhau bod pobl yn dod yn gyfarwydd â nhw wrth eu clywed yn eu cartrefi bob dydd. Mae gorsafoedd radio masnachol fel Radio Ceredigion, Radio'r Ddraig (Caerdydd), Sain y Gororau (Clwyd) a Sain Abertawe hefyd yn darparu rhaglenni Cymraeg.

'Jonsey' – un o gymeriadau poblogaidd Radio Cymru

47

Teledu

Sut cafodd yr iaith Gymraeg ei sianel deledu ei hun?

Yn 1960 roedd set deledu gan 60% o gartrefi Cymru. Erbyn 1969, pan gododd y canran i 92%, roedd hi'n amlwg bod teledu'n chwarae rhan bwysig ym mywydau pawb. Roedd y BBC wedi bod yn darparu rhaglenni Cymraeg er 1952 pan agorodd trosglwyddydd Gwenfô a gwnaeth y cwmni masnachol TWW yr un fath pan agorodd trosglwyddydd Sant Hilari yn 1958. Rhyngddyn nhw, roedd y BBC a theledu masnachol yn cynhyrchu tua deuddeg awr yr wythnos ddechrau'r chwedegau, ond doedd y sefyllfa hon ddim yn un hapus. Yn 1962, fodd bynnag, cafodd BBC Cymru ei sefydlu.

Am nad oedd y mwyafrif di-Gymraeg am weld rhaglenni Cymraeg, roedd tuedd i'w dangos yn hwyr iawn yn y nos neu yn y prynhawn pan nad oedd llawer yn gwylio. Lle roedd hynny'n bosib, roedd llawer yn mynd mor bell â throi'r erial i dderbyn rhaglenni o Loegr. Golygai hyn nad oedden nhw'n clywed newyddion Cymru nac yn derbyn rhaglenni Saesneg am y wlad. I lawer, doedd dim dewis ond gwylio rhaglenni Cymraeg, ac er mai 10% yn unig o gyfanswm y rhaglenni

oedd y rhain, dechreuodd y protestio. Ar y naill law, roedd un grŵp am gael gwared ar y Gymraeg yn llwyr tra bod grŵp arall am lawer mwy o Gymraeg a hynny yn ystod oriau brig. Yn y diwedd, daeth yn amlwg fod rhaid sefydlu sianel ar wahân ar gyfer y Gymraeg ac yn y diwedd, dyna a ddigwyddodd.

Doedd pawb ddim yn cytuno â hyn. Pan oedd rhaglenni Cymraeg yn cael eu dangos yng nghanol rhai Saesneg, byddai llawer o'r di-Gymraeg yn eu gwylio. Credai rhai y byddai'r gynulleidfa hon yn cael ei cholli pe bai sianel Gymraeg yn cael ei sefydlu ar wahân.

Ar y pryd roedd y BBC yn sôn am sefydlu pedwaredd sianel a honno i'w defnyddio'n arbennig i hybu diddordebau lleiafrifol. Fe benderfynodd cynhadledd a drefnodd Arglwydd Faer Caerdydd y dylai'r sianel hon fod yn sianel Gymraeg yng Nghymru ac yn 1974 cytunodd Pwyllgor Crawford â hyn. Derbyniodd y Blaid Lafur y penderfyniad hwn, ond yn 1979 daeth llywodraeth newydd i rym pan enillodd y Ceidwadwyr yr etholiad cyffredinol ym mis Mai y flwyddyn honno.

Er bod y Ceidwadwyr wedi cefnogi sefydlu'r sianel yn eu maniffesto etholiadol, o fewn pedwar mis, cyhoeddodd yr Ysgrifennydd Gwladol na fydden nhw'n sefydlu sianel Gymraeg ond, yn hytrach, yn gwella'r ddarpariaeth oedd ar gael. Bu ymateb aelodau Cymdeithas yr Iaith a chenedlaetholwyr yn chwyrn. Penderfynodd nifer fawr na fydden nhw'n talu am eu trwyddedau teledu. Ymosododd eraill ar drosglwyddyddion ac ym mis Mai 1980 cyhoeddodd Gwynfor Evans,

Darren (Huw Euron) a Mark (Arwyn Davies) – dau o gymeriadau Pobol y Cwm

G E I R F A

Ysgrifennydd Gwladol	*Secretary of State*
darpariaeth	*provision*
chwyrn	*fierce*
trwydded(au)	*licence(s)*
ymosod ar	*to attack*

llywydd Plaid Cymru, y byddai'n mynd ar streic newyn hyd at farwolaeth oni fyddai'r llywodraeth yn newid ei meddwl.

Roedd y llywodraeth yn ofni y byddai hyn yn achosi anhrefn yng Nghymru. Yn ogystal ag aelodau ifainc Cymdeithas yr Iaith, roedd yr ymgyrch wedi ennill cefnogaeth helaeth ymhlith pobl hŷn, gan gynnwys llawer o rai dylanwadol. Arweiniodd Archesgob Cymru ddirprwyaeth o Gymry uchel eu parch i ofyn i'r llywodraeth ailystyried ei phenderfyniad ac ar 17 Medi 1980 ildiodd y llywodraeth. Ar 1 Tachwedd 1982, dechreuodd S4C ddarlledu.

Erbyn hyn mae S4C yn darlledu tua 150 o oriau'r wythnos yn Gymraeg a Saesneg. Tua 38 awr yr wythnos, ar gyfartaledd, sydd yn Gymraeg ond mae'r rhan fwyaf o'r rheiny ar oriau brig. Er mis Tachwedd 1998 agorodd sianel ddigidol newydd yn darlledu am 12 awr bob dydd ac o 1999 ymlaen bydd rhaglenni S4C ar gael ledled Ewrop trwy loeren. Er gwaethaf yr ofnau na fyddai'n bosibl i hanner miliwn o bobl gynnal gwasanaeth teledu o safon, llwyddodd S4C i greu rhaglenni llwyddiannus o bob math. Enillodd y gwasanaeth newyddion glod cyffredinol trwy ddod ag adroddiadau o bob rhan o'r byd trwy'r Gymraeg. Cynhyrchodd ddramâu a chyfresi drama poblogaidd iawn, gan gynnwys yr opera sebon, *Pobol y Cwm* sy'n dal i ddenu nifer fawr o wylwyr. Daeth llawer o'r di-Gymraeg yn gyfarwydd â gwylio pob math o chwaraeon, yn enwedig rygbi a phêl-droed, a'r sylwebaeth yn hollol Gymraeg a chafwyd rhaglenni ar gyfer pobl sy'n dysgu'r iaith. Yn y cyswllt hwn, bu'r gwasanaeth is-deitlo yn help mawr.

Erbyn hyn, mae'r cwmnïau teledu annibynnol sy'n cynhyrchu rhaglenni ar gyfer S4C yn rhan bwysig o economi Cymru, yn enwedig yn yr ardaloedd gwledig Cymraeg eu hiaith, ac mae'r Gymraeg ymhlith yr ychydig ieithoedd lleiafrifol yn Ewrop sy'n gallu ymffrostio bod ganddi ei gwasanaeth teledu ei hun.

Cymraeg i Oedolion

Faint o gyfle sydd gan oedolion i ddysgu Cymraeg heddiw?

Ar hyd yr oesoedd mae enghreifftiau o bobl yn dod i fyw i Gymru ac yn dysgu'r iaith. Roedd hyn yn digwydd yn ardal y chwareli yn y gogledd ac yng nghymoedd diwydiannol y de wrth i bobl o Loegr ddod yno i weithio. Dyna pam mae cymaint o Gymry Cymraeg â chyfenwau Saesneg heddiw. Bu eraill yn dysgu'r iaith oherwydd ei llenyddiaeth gyfoethog. Ymhlith y rhain roedd y llenorion Saesneg George Borrow, William Barnes a Gerard Manley Hopkins.

Sais arall a ddysgodd Gymraeg oedd A. S. D. Smith neu Caradar. Athro ieithoedd ydoedd yn Ysgol Blundell a'i gwrs ef, *Welsh Made Easy* a gyhoeddwyd yn 1926 oedd y cwrs cyntaf i geisio dysgu'r iaith mewn ffordd glir a threfnus. Ond hyd yn oed tua chanol y ganrif, roedd oedolion oedd wedi llwyddo i ddysgu'r Gymraeg yn dipyn o ryfeddod.

Tyfodd y diddordeb mewn dysgu Cymraeg yn y pumdegau a'r chwedegau ac roedd *Cymraeg i Oedolion*, cwrs a ysgrifennwyd gan Bobi Jones, a oedd wedi dysgu Cymraeg ei hun, yn bwysig iawn wrth iddo roi'r pwyslais ar iaith lafar safonol wedi ei graddio'n ofalus. Datblygiad pwysig arall oedd sefydlu cyrsiau dwys, neu gyrsiau Wlpan, i oedolion. Roedd cwrs dwys ar gyfer athrawon ysgolion cynradd wedi ei sefydlu yng Ngholeg y Barri yn 1966-67 ac yn ddiweddarach, ar ôl arbrofi yn ardal Caerdydd, dechreuwyd cyrsiau a oedd yn cynnig pum sesiwn dysgu yr wythnos. Erbyn heddiw mae amrywiaeth o gyrsiau dwys ar gael ledled Cymru.

Yn 1964 cawsom y fersiwn cyntaf o Gymraeg Byw, sef ymdrech i ddiffinio Cymraeg llafar safonol. Bu llawer yn beirniadu'r iaith synthetig hon ond cafodd ei mabwysiadu'n helaeth gan ysgrifenwyr cyrsiau a'r rhai oedd yn cynhyrchu cyrsiau ar gyfer y radio a'r teledu.

Yn 1976 cyhoeddodd Cyngor yr Iaith Gymraeg adroddiad, *Dysgu Cymraeg i Oedolion*, a oedd yn galw am fwy o help i oedolion. Dywedodd yr adroddiad hwn bod angen denu mwy o diwtoriaid, bod eisiau sefydlu corff canolog i fod yn gyfrifol am y maes a bod gofyn i bob awdurdod addysg benodi swyddog i fod yn gyfrifol am Gymraeg i oedolion.

Sefydlodd Cyd-bwyllgor Addysg Cymru [CBAC] Banel i ofalu am y maes a gydag amser cynigiodd nifer o lefelau dysgu yn arwain at arholiad Defnyddio'r Gymraeg a Defnyddio'r

GEIRFA	
ar hyd yr oesoedd	throughout the ages
chwarel(i)	quarry(ies)
diwydiannol	industrial
cyfenw(au)	surname(s)
llenyddiaeth gyfoethog	rich literature
tipyn o ryfeddod	a cause for wonder
pwyslais	emphasis
iaith lafar safonol	standard spoken language
graddio	to grade
dwys	intense
arbrofi	to experiment
ymdrech	effort
diffinio	to define
mabwysiadu'n helaeth	to adopt widely
cynhyrchu	to produce
bod gofyn i	to be incumbent upon
Cyd-bwyllgor Addysg Cymru	Welsh Joint Education Committee

cyfarfod(ydd)	meeting(s)
ariannu	to fund
Cyngor Cyllido Addysg Bellach Cymru	Further Education Funding Council for Wales
cydlynu	to co-ordinate
asesu	to assess
pwyllgor ymgynghorol	consultative committee
ymchwil	research
cwrs preswyl (cyrsiau preswyl)	residential course(s)
Llanbedr Pont Steffan	Lampeter
cyffrous	exciting
gweithle	workplace
ar fyr o dro	in a very short time

Gymraeg Uwch. Yn 1984 cafodd Cyngor y Dysgwyr (CYD) ei ffurfio i hybu'r defnydd cymdeithasol o'r iaith. Mae'r gymdeithas hon yn trefnu cyfarfodydd lle y daw siaradwyr Cymraeg a dysgwyr at ei gilydd i sgwrsio'n anffurfiol.

Erbyn hyn mae maes dysgu Cymraeg i Oedolion o dan ofal Bwrdd yr Iaith a'r gwaith yn cael ei ariannu gan Gyngor Cyllido Addysg Bellach Cymru. Mae'r wlad wedi ei rhannu yn wyth rhanbarth ac ym mhob un mae consortiwm sy'n cydlynu'r gwaith. Nod y consortiwm yw sicrhau bod amrywiaeth o gyrsiau ar gael, bod tiwtoriaid yn derbyn hyfforddiant a bod y gwaith yn cael ei asesu'n gyson. Yn cadw golwg ar y cyfan mae Swyddog Cenedlaethol a oedd yn gweithio trwy CBAC i ddechrau ond sydd bellach wedi ei leoli yn y Bwrdd Iaith. Bydd y Swyddog yn cydweithio â Phwyllgor Ymgynghorol cenedlaethol a nifer o is-bwyllgorau sy'n gofalu am

strategaeth, marchnata, asesu, hyfforddiant ac ymchwil. Mae cylchgrawn arbennig i ddiwtoriaid yn cael ei gyhoeddi'n gyson a threfnir cwrs preswyl blynyddol ar eu cyfer.

Bydd llawer o golegau a mudiadau yn trefnu cyrsiau preswyl trwy gydol y flwyddyn gan gynnwys cwrs sy'n para am dri mis bob haf yng Ngholeg y Brifysgol Llanbedr Pont Steffan. Datblygiad cyffrous arall oedd sefydlu Canolfan Iaith Nant Gwrtheyrn, ger Nefyn yn Llŷn, Gwynedd (01758 750334), sydd ar agor trwy gydol y flwyddyn. Erbyn hyn hefyd, tyfodd cyrsiau Cymraeg yn y gweithle'n bwysig iawn. Mae llawer o lyfrau wedi eu hysgrifennu'n arbennig ar gyfer dysgwyr ar gael nawr a hefyd cylchgrawn diddorol o'r enw Lingo Newydd. Gyda rhaglenni cyson ar gyfer dysgwyr ar y radio a'r teledu, mae digon o help ar gael ac erbyn hyn mae llawer iawn yn llwyddo i ddod yn siaradwyr Cymraeg rhugl ar fyr o dro.

Canolfan Iaith Genedlaethol Nant Gwrtheyrn

Bwrdd yr Iaith Gymraeg

Beth ydy prif amcanion Bwrdd yr Iaith Gymraeg?

Cafodd Bwrdd yr Iaith Gymraeg ei sefydlu ar 21 Rhagfyr 1993 o ganlyniad i basio Deddf yr Iaith Gymraeg yn y flwyddyn honno. Prif waith y Bwrdd yw hwyluso defnyddio'r Gymraeg ac annog pobl i'w siarad bob amser.

Yn 1996 cyhoeddodd y Bwrdd 'Strategaeth ar gyfer yr Iaith Gymraeg'. Roedd y strategaeth honno'n ceisio sicrhau bod mwy o bobl yn siarad yr iaith a'u bod hefyd yn cael mwy o gyfle i'w defnyddio. I wneud hyn yn llwyddiannus mae rhaid newid arferion defnyddio'r iaith a sicrhau bod y Gymraeg yn dal i fod yn iaith fyw o fewn y gymdeithas.

Roedd Deddf 1993 yn dweud bod rhaid trin Cymraeg a Saesneg yn gyfartal yng Nghymru a bod rhaid i gyrff cyhoeddus y wlad baratoi Cynlluniau Iaith yn dangos sut yr oedden nhw'n mynd i wneud hynny. Rhan o waith y Bwrdd yw archwilio'r cynlluniau hyn a rhoi cyngor i ddarparwyr gwasanaethau ynglŷn â'r Gymraeg. Ar ôl derbyn cynllun iaith bydd y Bwrdd yn ei fonitro'n gyson er mwyn gweld ei fod yn cael ei weithredu'n effeithiol. Erbyn 1998 roedd pob un o'r 22 cyngor sir wedi paratoi cynllun ynghyd â chyrff eraill fel Swyddfa'r Post, y parciau cenedlaethol, yr heddlu, ymddiriedolaethau iechyd, yr Amgueddfa Genedlaethol a Chyngor Cefn Gwlad Cymru. Ar hyn o bryd mae colegau addysg uwch ac addysg bellach yn paratoi cynlluniau.

Bydd y Bwrdd hefyd yn cynghori'r llywodraeth ar faterion yn ymwneud â'r iaith ac mae ganddo arian i'w ddosbarthu i gyrff sy'n hwyluso'r defnydd o'r Gymraeg megis Urdd Gobaith Cymru, y Mudiad Ysgolion Meithrin, yr Eisteddfod Genedlaethol, Mentrau Iaith a phapurau bro.

Yn y sector preifat, does dim rhaid i gwmnïau gyhoeddi cynlluniau ond mae Bwrdd yr Iaith yn ceisio eu perswadio i wneud hynny'n wirfoddol. Yn yr un modd, mae rhai o'r cyfleustodau fel SWALEC a Dŵr Cymru wedi cyhoeddi cynlluniau.

Ar hyn o bryd, Ysgrifennydd Gwladol Cymru sy'n penodi'r dwsin o bobl sy'n aelodau o'r Bwrdd ond mae'n bosib mai'r Cynulliad fydd yn gwneud hynny o 2000 ymlaen. Yr Arglwydd Dafydd Elis Thomas oedd y cadeirydd cyntaf ac roedd yn gweithio i'r Bwrdd am ddau ddiwrnod yr wythnos. Mae disgwyl i'r aelodau eraill weithio am ddau ddiwrnod y mis.

GEIRFA

amcan(ion)	aim(s)
o ganlyniad i	as a result of
Deddf yr Iaith Gymraeg	the Welsh Language Act
hwyluso	to facilitate
annog	to urge, to encourage
strategaeth	strategy
trin	to treat
yn gyfartal	equal
Cynllun(iau) Iaith	Language Scheme(s)
archwilio	to scrutinise
gweithredu	to operate, to implement
ymddiriedolaeth(au) iechyd	health trust(s)
cyfleustod(au)	utility(ies)
Ysgrifennydd Gwladol Cymru	Secretary of State for Wales
penodi	to appoint

GEIRFA

prif weithredwr	chief executive
goruchwylio	to supervise
ar lawr gwlad	out in the field
ffon fesur	yardstick

Mae swyddfa ganolog y Bwrdd yng Nghaerdydd ac mae tua 30 o staff yn gweithio yno mewn pedair prif adran sef, Adran Bolisi, Adran y Sectorau Cyhoeddus a Gwirfoddol, Adran Grantiau a'r Sector Preifat a'r Adran Addysg a Hyfforddiant gyda'r prif weithredwr yn goruchwylio'r holl weithgareddau.

Un o weithgareddau mwyaf ymarferol y Bwrdd ar lawr gwlad yw'r Mentrau Iaith sy'n ceisio hybu'r defnydd o'r iaith o fewn cymunedau fel Cwm Gwendraeth a Rhondda Cynon Taf. Yma, maen nhw'n ceisio trefnu gweithgareddau o bob math trwy gyfrwng yr iaith, yn enwedig ymhlith pobl ifainc.

Gallu'r Bwrdd i berswadio mwy o bobl gyffredin i ddefnyddio'r iaith fydd ffon fesur ei lwyddiant yn y pen draw. Fydd cynlluniau ar bapur yn fawr o werth os na lwyddan nhw i wneud hyn. Yn sicr,

mae'r Gymraeg i'w gweld yn fwy nag erioed o'r blaen, mewn siopau, ar arwyddion cyhoeddus ac mewn hysbysebion. Mae ei statws ym myd addysg ac mewn bywyd cyhoeddus wedi codi ac mae llawer o ddiolch i'r Bwrdd am y pethau hyn. Mae pawb am ei weld yn llwyddo ond bydd rhaid aros am rai blynyddoedd cyn y gellir mesur ei effaith ar gymunedau Cymru yn gywir.

Plant yn mwynhau eu hunain ar un o gynlluniau chwarae
Menter Iaith Rhondda Cynon Taf

Hwylio 'Mlaen

Golygydd Cyffredinol: Glenys M. Roberts
Dyma restr gyflawn o'r holl lyfrau yn y gyfres:

Mynnwch y gyfres yn llawn:
eich allwedd i fwynhau Cymru heddiw!

Am restr gyflawn o lyfrau'r wasg, mynnwch gopi o'n Catalog deniadol, lliw-llawn – neu hwyliwch i mewn i'n safle ar y We fyd-eang – yn awr wedi'i ailddylunio ac yn cynnwys basged siopa!

Talybont, Ceredigion SY24 5AP
ffôn (01970) 832 304 ffacs 832 782 isdn 832 813
e-bost ylolfa@ylolfa.com y we www.ylolfa.com